○ 위 혜 정 wissam@hanmail.net

- 16년차 고등학교 영어교사, 브런치 작가
- 서울대학교 석사과정(외국어교육과 영어 전공) 파견/졸업
- 저서 : 《아침 10분 영어 필사의 힘》, 《하루 10분 100일의 영어 필사》,
  《초등생의 영어 학부모의 계획》, 《괜찮아, 바로 지금이 나야》(공저),
  《필사하면 보이는 것들》(공저), 《책속 한 줄의 힘》(공저)
- 편역 : 《어린왕자: 하루 10분 100일의 영어 필사》
  《빨간 머리 앤: 하루 10분 100일의 영어 필사》
  《하루 10분 영어 그림책 100일 필사》

2008년 인문계 고등학교에 발령받은 후 영어 수업에 대한 고민과 연구가 시작되었다. 경기도 교육청 '창의인성수업디자인 연구회' 창립 멤버로 학생 활동, 표현 중심 수업을 구현하기 위해 끊임없이 연구하며 현재 연구위원으로 교사 대상 강의를 하고 있다.
영어 필사를 경험한 후, 문제 유형을 분석하며 정답을 찾기 위해 끊임없이 훈련하는 시험이 아닌, 그저 '영어'를 수단으로 삶을 이야기하고 싶어 학생, 교사들과 영어 텍스트를 함께 필사하고 있다.

하루 10분
100일의 영어 필사

하루 10분 100일의 영어 필사

초판 1쇄 발행 2023년 1월 15일
초판 6쇄 발행 2024년 12월 1일

지은이 위혜정
편집인 옥기종
발행인 송현옥
디자인 디자인빛깔
펴낸곳 도서출판 더블:엔
출판등록 2011년 3월 16일 제2011-000014호

주소 서울시 강서구 마곡서1로 132, 301-901
전화 070_4306_9802
팩스 0505_137_7474
이메일 double_en@naver.com

ISBN 979-11-91382-18-1 (13740)

하루 10분 ____ 100일의 영어 필사

위혜정 지음

더블:엔

헬로우, 하루 10분!

:

효율과 쓸모를 따지며 질주하는 세상의 속도에서 나를 멈춘다. 달리는 열차 안에서는 속도감을 잃기 마련이다. 쾌속으로 시야를 벗어나는 바깥세상과 차단된 채, 정지된 듯한 착각의 공간에서 외부의 움직임이 감지될 리 만무하다. 빠른 것이 미덕인 현대의 시간계를 거슬러 줄을 타듯 느리지만 희미한 빛을 따라 한 걸음씩 떼어낸다. 천천히 아주 천천히. 손을 뻗어 마법의 옷장을 열기 위해 조심스레 문고리를 돌리면 나니아와 같은 찬란한 비밀의 세상이 열린다. 비좁은 나의 세계를 넘어 광활한 삶의 이야기들이 환하게 펼쳐진다.

> 속도를 늦추었다
> 세상이 넓어졌다
> 속도를 더 늦추었다
> 세상이 더 넓어졌다
> 아예 서 버렸다
> 세상이 환해졌다
> - 〈속도〉, 유자효

멈추면 비로소 보인다. 환히 들여다볼 수 있다. 필사는 '멈춤'을 두른 '머무름'이다. 분주한 마음을 내려놓고 한 글자 두 글자 옮겨 적다 보면 후루룩 읽고 넘기던 텍스트가 손끝을 타고 머리와 가슴에 오래 머문다. 활자로 찍혀 있던 종이 속 언어들이 마음 판에 깊이 찍힌다. 필사는 다채로운 인생 향연으로 이끄는 초대장이자 사유의 마중물이다.

> "느림의 미학이다. 주옥같은 표현, 문장, 장면에 머물러
> 곰곰이 그리고 깊이 생각한다.
> 텍스트에서 흘러나오는 말과 글이
> 개인적인 경험, 지식, 정서를 통과하며
> 나만의 의미로 삶의 결을 잡아준다.
> 행간의 울림과 감흥이 깊이 있는 성찰과 적용까지 가닿는다.
> 글 속에 꿈틀대는 수많은 메시지들이
> 나의 생각과 만나고
> 이를 통해 광활한 정신의 공간 속에서
> 의미있는 점들이 찍히고 연결되는 회열을 느낄 수 있다.
> - 《아침 10분 영어 필사의 힘》, 위혜정

아름다운 책과 글은 넘쳐난다. 그 안에서 허우적대다 휘발되기 일쑤다. 풍요 속의 빈곤이다. 많이 챙기려는 욕심은 허세요 탐

심이다. 많진 않아도 딱 내 것을 만드는 공정이야말로 알짜다. 허기진 삶을 채우고 헐거워진 인생의 골격을 조이는 작업, 일상의 보호대로 덧댈 수 있는 알곡 같은 텍스트를 찾아 나섰다. 삶의 정수들이 들어찬 책들을 선별하고, 화려한 미사여구는 아니어도 씹을수록 깊이 우러나는 문장들을 엮었다.

《The Little Prince(어린 왕자)》와 《The old man and the sea(노인과 바다)》는 시대를 초월하여 오랫동안 사랑받고 있는 고전이며 《Tuesdays with Morrie(모리와 함께한 화요일)》와 《The Alchemist(연금술사)》는 인생에 대한 깊은 통찰이 녹아난 책들이다. 《Fish in a tree》와 《Oh, the places you'll go!》의 경우, 한글 번역본은 없지만 삶에 이정표가 되는 키워드들을 옹골차게 담고 있다. 신기하리 만치 여섯 권의 책에서 건져내는 삶의 지혜들은 교집합처럼 오버랩된다. 책들을 관통하며 흐르는 만물의 이치와 인생의 현답들. 필사를 통해 정서의 안온으로 이어지길 바란다. 움이 꽉 찬 생의 가치들이 각자의 삶터에서 피어나리라는 기대감을 얹어본다. 나만의 보폭에 따른 하루 10분 필사는 일상에 금가루를 뿌리는 정성이다. 인생길을 내실 있게 다지며 순간순간 존재의 반짝임과 마주하게 될 것이다. 삶의 채도와 밀도는 덤으로 챙겨갈 수 있으리라.

CONTENTS

PART 001

The Little Prince (어린 왕자)

PART 002

Tuesdays with Morrie (모리와 함께한 화요일)

PART 003

The Alchemist (연금술사)

PART 004

The old man and the sea (노인과 바다)

PART 005

Fish in a tree

PART 006

Oh, the places you'll go!

필사, 이렇게 하세요

요즘 영어뿐만 아니라 모국어 필사의 인기도 높습니다. 그 효용성 때문이지요. 책《단단한 영어공부》를 보면, 영어 필사는 문장부호, 단어, 문법 세 가지 영역의 집중 인지를 돕는다고 합니다. 옮겨 적지 않았으면 무심코 지나쳐버릴 수 있는 문장부호의 쓰임을 익힐 수 있고, 읽기만 했을 때 지나쳐버릴 개별 단어에 주목하며 연어(collocation, 連語) 및 구동사(phrasal verbs)를 기억할 수 있습니다. 또한 정확히 베껴 쓰다 보면 평소에는 눈에 띄지 않던 관사, 수일치, 분사 등의 문법 요소와 다양한 문장 구조에 노출됩니다. 필사는 문장부호, 단어, 문법을 새어나가지 않게 꼼꼼하게 걸러주는 그물망이 됩니다.

여기서 중요한 것은 형식적인 날림 쓰기가 아니라 또박또박, 꾹꾹 눌러쓰는 정성입니다. '눈으로 읽기→ 문장 쓰기→ 소리 내어 읽기'라는 3단계 과정을 거쳐 생각의 흔적까지 남긴다면 곱씹음과 사유까지 챙겨갈 수 있습니다.

필사를 다음과 같이 차근차근 단계적으로 밟아가 보세요. 세 번째 항목을 중심으로 앞뒤 단계를 융통성 있게 선택하시면 됩니다. 전 단계를 온전히 통과하게 되면 텍스트의 깊은 진액을 맛볼 수 있습니다.

1. 텍스트를 눈으로 읽으며 생소한 어휘, 어려운 문장 구조, 여운이 남는 구절 등에 밑줄을 긋는다.
2. 검색과 탐색의 시간을 투입한다.
3. 맴도는 여운에 잠겨 묵독한 텍스트를 또박또박 종이에 옮겨 쓰는 아날로그 과정을 거친다.
4. 소리 내어 한 글자 한 글자 또박또박 끊어 읽는 성독(聲讀)을 한다. 행간의 숨은 뜻까지 읽어내려는 정성이다.
5. 새롭게 획득한 삶의 지혜, 마음에 떠오르는 질문과 생각을 그냥 지나치지 않고 자유롭게 사유의 샛길로 빠진다. 생각의 흔적을 글로 남기면 내 삶의 기록이 된다.
6. 한글 번역을 영어로 옮겨보며 영작 연습을 한다. 영어 실력은 덤이다. 피카소는 "훌륭한 예술가는 모방을 하고 위대한 예술가는 훔친다"고 말했다. 좋은 영어 문장들을 훔쳐내어 반복 연습하면 영어 실력은 당연히 향상된다.

"You know what's weird?

Day by day. Nothing seems to change.

But pretty soon… everything's different."

"이상한 게 있는데 뭔 줄 알아?

매일 매일 아무것도 바뀌지 않는 것 같은데

곧 모든 것이 바뀌더라구."

- Bill Watterson의 〈A Calvin and Hobbes Collection〉 中

필사도 근육입니다. 단련이 필요하죠. 축적된 시간의 힘은 바로 '매일'에서 나옵니다. 너무 쉬운 말처럼 들리시나요? 맞습니다. 어떤 일을 '매일' 하는 것은 모두가 할 수 있지만 아무나 할 수 없으니까요. 매일 하루 10분 필사를 통해 100일 후, 종이의 여백이 꽉 채워지듯 나의 생각과 영어 실력이 채워지는 모습을 그려보세요. 행복한 상상과 함께 영어 필사의 여정, 이제 출발해볼까요?

문장부호(punctuation), 이렇게 이해하세요

1. 콤마

, comma	여러 가지 요소를 나열할 때, 동격을 표기할 때, 문장 중간에 단어를 삽입할 때, 관계대명사의 계속적 용법을 나타낼 때, 인용구 내의 마침표로 사용할 수 있음.
나열	My brother asked for chocolate, fruit juice, energy bar and candy.
동격	This lady, my mother, wants to say hello to you.
삽입	The problem, however, is much more complicated than we expected.
관·대	He has a daughter, who is studying abroad.
마침표	"We do not know that," said the king.

2. 콜론

: colon	설명을 덧붙이거나, 예시를 열거할 때, 인용구 앞에서, 소제목을 붙일 때 등 부연 설명을 하는 기능. 명사, 구, 절, 문장 모두를 동반할 수 있음.
설명	Love is blind: Sometimes it keeps us from seeing the truth.
예시	She bought three things: milk, bread and eggs.
인용	Jessie said: "I wish you a merry Christmas."
소제목	Demian: The story of Emil Sinclair's Youth

3. 세미콜론

; semi-colon	문장과 문장을 이어주는 접속의 기능을 가지며 문맥에 맞게 뒷문장을 and, but, or, so, for의 의미를 넣어 해석하며 명확한 의미 전달을 위해 접속부사를 추가하기도 함. 쉼표가 포함된 구의 과도한 콤마 사용을 피하려고 나열되는 요소 사이에 사용함.
접속	I went grocery shopping today; I bought different kinds of fruit.
접속부사	I didn't finish reading the book; instead, I watched TV.
나열	They have stores in four cities: San Francisco, California; Austin, Texas; Las Vegas, Nevada.

4. 줄표

— dash	반전이 있는 부연 설명 시, 내용을 강조할 때, 콤마를 여러 개 포함한 어구를 삽입하여 예시를 들거나 동격을 표현할 때, 중단이나 급변화를 나타낼 때 사용. 원칙상 대시 양쪽으로 띄어쓰기 하지 않으나 가독성을 높이기 위해 띄우기도 함.
부연	You may think she is smart—she is not.
강조	We enjoyed hot coffee—very hot coffee—at lunch.
예시	Some vegetables—cabbage, broccoli and kale—are associated with a lower cancer risk.
동격(강조)	I went to the store—the one on Main Street—to buy some groceries.
중단·변화	I—I don't know a lot about the plan. But the plan—well, it didn't work out well.

5. 하이픈

- hypen	줄표보다 짧은 줄이며 여러 개의 단어를 연결하여 한 단어로 만들어 줄 때, 페이지의 여백이 부족해서 맨 끝의 단어가 완결되지 않은 채로 다음 줄로 넘어갈 때 연결 단어임을 표기하기 위해 사용함.
연결	well-known, mother-in-law, post-1980(접두사 연결), a three-year-old boy(단어 연결 후, 명사 수식 형용사 변환)
줄바꿈	I went to a department store to buy some winter clothing to wear, and suddenly ran into an old friend of mine.

6. 따옴표

" " (double quotation mark)	직접 인용문을 담을 때 사용. e.g. He said, "Practice makes perfect."	※ 시대에 따라 큰따옴표와 작은따옴표의 역할이 반대로 사용되기도 함.
' ' (single quotation mark)	인용문 내에 또다른 인용이 들어갈 때 사용. e.g. My sister said, "My favorite part of the film was when he said, 'I know there is good in you.'"	
	인용문 내에 제목이나 문구를 표기할 때 사용. e.g. "'The little prince' is my favorite novel," he said.	

10대에 만난 어린 왕자,
의문투성이다.
'도대체 이 책이 왜?'
아무리 머리 굴려봐도 알 길이 없다.
재미도 울림도,
그 어느 것도 찾지 못한 채
책을 덮었다.

20대에 다시 만난 어린 왕자,
예쁜 책이라 다시 펼친다.
당연히 머리로는 알았다.
옆에 두면 폼난다는 걸.

30대에 재회한 어린 왕자,
구구절절 '아!' 하는 찬탄이 절로 터진다.
특별히 뭘 한 것도 없이
세월과 함께 그저 흘러온 것뿐인데
머리에서 가슴까지
강렬하게, 그리고 흠뻑 젖어든다.
누가 가르쳐주지 않아도
모든 것이 그냥,
아니 전심으로 이해되고 느껴진다.
마법처럼.

아는 만큼 보인다고 했던가?
생의 경험과 시간이 축적될수록
눈과 귀, 마음이 더 열린다.
10대의 물음표가 점점 진하게 느낌표로 변해간다.
'아, 그래서 이 책이구나….'
나의 사랑
어.린.왕.자.

PART 001

The Little Prince
(어린 왕자)

하루 10분 100일의 영어 필사

001

친구가 되고 싶으면 날 길들여줘

'Tame' means to establish ties.

If you tame me, then we shall need each other. To me, you will be unique in all the world. To you, I shall be unique in all the world. If you want a friend, tame me···.

If, for example, you come at four o'clock in the afternoon, then at three o'clock I shall begin to be happy. I shall feel happier and happier as the hour advances. At four o'clock, I shall already be worrying and jumping about. I shall show you how happy I am!

●

길들인다는 것은 관계를 맺는 거야.

네가 날 길들이면 우린 서로가 필요해져. 넌 내게 이 세상에 단 하나뿐인 존재가 되고 난 네게 이 세상에서 단 하나뿐인 존재가 돼.

친구가 되고 싶으면 날 길들여줘. 가령 네가 오후 4시에 온다면 난 3시부터 행복해지기 시작할 거야. 4시에 가까워올수록 나는 점점 더 행복해지겠지. 4시에는 흥분해서 안절부절 못할걸. 내가 얼마나 행복한지 너에게 보여줄 수 있을 거야.

tame : 길들이다   establish : 설정하다, 수립하다   advance : 나아가다

002

소중한 것은 눈에 보이지 않아

"Now here is my secret, a very simple secret: It is only with the heart that one can see rightly; what is essential is invisible to the eye. It is the time you have wasted for your rose that makes your rose so important. Men have forgotten this truth," said the fox. "But You must not forget it. You become responsible, forever, for what you have tamed. You are responsible for your rose."

"비밀을 말해줄게. 아주 간단한 건데, 그건 마음으로 봐야 잘 보인다는 거야. 가장 소중한 것은 눈에 보이지 않는 법이야. 네 장미꽃이 그렇게 중요하게 된 것은 그 꽃을 위해 네가 공들인 시간 때문이야. 사람들은 이 사실을 잊어버리곤 하지. 절대 잊지 마. 넌 네가 길들인 것에 대해 언제까지나 책임셔야 하는 거야. 넌 네 장미에 대해 책임이 있어." 여우가 말했다.

rightly : 올바로   invisible : 보이지 않는

003

사막이 아름다운 이유

"The stars are beautiful, because of a flower that cannot be seen. The desert is beautiful. What makes the desert beautiful is that somewhere it hides a well…." said the little prince.

I was astonished by a sudden understanding of that mysterious radiation of the sands. When I was a little boy I lived in an old house, and legend told us that a treasure was buried there. To be sure, no one had ever known how to find it; perhaps no one had ever even looked for it. But it cast an enchantment over that house. My home was hiding a secret in the depth of its heart….

The house, the stars, the desert - what gives them their beauty is something that is invisible!

desert : 사막 well : 우물 astonish : 깜짝 놀라게 하다 radiation : 광채, 방사선
enchantment : 황홀감, 마법에 걸린 상태

○ "별들이 아름다운 건 내가 꽃(장미)을 볼 수 없기 때문이야. 사막이 아름다운 건 어딘가에 우물이 숨겨져 있기 때문이야." 어린 왕자가 말했다.

나는 사막의 모래가 신비로운 광채를 뿜는 이유를 순간적으로 깨닫고 깜짝 놀랐다. 어렸을 적 오래된 집에서 살았는데 그곳에 보물이 숨겨져 있다는 전설이 있었다. 확실한 것은 누구도 어떻게 보물을 찾는지 몰랐다는 것이다. 아무도 찾으려는 노력조차 하지 않았을 것이다. 그러나 그 전설로 인해 집은 신비감이 돌았다. 그 집은 마음 깊은 곳에 비밀을 숨기고 있었다.

집, 별, 사막. 모두가 아름다운 이유는 보이지 않는 무엇 때문이다.

004

행복을 찾기 위해 필요한 것

What matters most are the simple pleasures so abundant that we can all enjoy them. Happiness doesn't lie in the objects we gather around us. To find it, all we need to do is open our eyes.

가장 중요한 건 사소한 기쁨들이야. 작지만 넘쳐나서 누구나가 즐길 수 있는 거야. 행복은 우리가 수집하는 물건들에 있는 것이 아니야. 행복을 발견하기 위해 필요한 거라곤 눈을 뜨는 것밖에 없어.

abundant : 풍부한

자신을 올바르게 판단하는 것이 지혜야

"Then you shall judge yourself," the king answered. "That is the most difficult thing of all. It is much more difficult to judge oneself than to judge others. If you succeed in judging yourself rightly, then you are indeed a man of true wisdom."

"Yes," said the little prince, "but I can judge myself anywhere. I do not need to live on this planet."

"그러면 너를 판단해 보거라." 왕이 답했다. "그것은 모든 일 중에 가장 어려운 일이다. 다른 이를 판단하는 것보다 나를 판단하는 것이 훨씬 더 어렵지. 만일 너 자신을 올바로 바라본다면 너는 진정한 지혜자가 되는 것이다."

"맞아요." 어린 왕자가 답했다. "하지만 나 자신을 판단하는 것은 어디서는 할 수 있어요. 제가 이 행성에서 살 필요는 없어요."

006

인생을 이해하는 데 숫자는 중요하지 않아

Grown-ups love figures. When you tell them that you have made a new friend, they never ask you any questions about essential matters. They demand: "How old is he? How many brothers has he? How much money does his father make?"

If you were to say to the grown-ups: "I saw a beautiful house made of rosy brick, with geraniums in the windows and doves on the roof," they would not be able to get any idea of that house at all. You would have to say to them: "I saw a house that cost $20,000." Then they would exclaim: "Oh, what a pretty house that is!"

But certainly, for us who understand life, figures are a matter of indifference.

⬤ 어른들은 숫자를 좋아한다. 친구를 사귀었다고 말하면 중요한 건 묻지 않는다. 어른들이 궁금해하는 건 "몇 살이야? 형제가 몇 명이래? 아빠는 얼마나 버신다니?"와 같은 수치다. 당신이 어른들에게 "아름다운 장밋빛 벽돌집을 봤어요. 창틀에 제라늄이 피어 있고 지붕에는 비둘기가 있어요" 라고 말하면 어른들은 어떤 집인지 도무지 모를 거다. "2만 달러짜리 집을 봤어요" 라고 말하면 그제서야 "어머나, 정말 집이 멋있다!" 하고 탄성을 지를 것이다. 하지만 확실한 건 인생을 이해하는데 숫자는 중요하지 않다.

essential : 본질적인   exclaim : 소리치다
a matter of indifference : 아무래도 상관없는 일

007

말이 아닌 행동을 보고 판단했어야 해

And he continued his confidences:

"The fact is that I did not know how to understand anything! I ought to have judged by deeds and not by words. She cast her fragrance and her radiance over me. I ought never to have run away from her⋯ I ought to have guessed all the affection that lay behind her poor little stratagems. Flowers are so inconsistent! But I was too young to know how to love her⋯.

⦿

어린 왕자는 확고하게 말을 이어 갔다:

"사실 전 어떤 것도 이해할 줄 몰랐던 거죠! 말이 아닌 행동을 보고 판단했어야 해요. 꽃은 저에게 향기와 빛을 발해주었어요. 꽃을 떠나지 말았어야 했죠. 꽃의 밀당 뒤에 숨겨진 애정을 눈치 챘어야 했어요. 꽃들은 너무 변덕스럽긴 해요! 하지만 너무 어려서 어떻게 사랑해야 할지 몰랐어요."

ought to : ~해야 한다   fragrance : 향기   radiance : 빛
affection : 애정   stratagem : 계략, 책략   inconsistent : 일관성 없는

008

잘난 체하는 사람은
칭찬하는 말만 골라 들어

"What should one do to make the hat come down?"
he asked. But the conceited man did not hear him.
Conceited people never hear anything but praise.

 "Do you really admire me very much?" he demanded
of the little prince.

"What does that mean-'admire'?"

"To admire means that you regard me as the
handsomest, the best-dressed, the richest, and the
most intelligent man on this planet."

"But you are the only man on your planet!"

"Do me this kindness. Admire me just the same."

"I admire you," said the little prince, shrugging his
shoulders slightly.

conceited : 자만심이 강한, 우쭐한   shrug : (어깨를) 으쓱하다

○ "그 모자를 내리려면 어떻게 해야 해요?" 어린 왕자가 물었다. 하지만 허영심 많은
남자는 그 말을 듣지 않았다. 잘난 체하는 사람들은 칭찬하는 말만 골라 듣는다.
"너는 나를 진정 찬탄하는가?" 그가 어린 왕자에게 물었다.
"찬탄이 뭔가요?"
"이 행성에서 내가 가장 미남이고 옷을 가장 잘 입으며 제일 부자에 가장 똑똑한
사람으로 생각해주는 것이지."
"이 행성에 혼자 살고 있잖아요!" / "친절을 베풀어 나를 그저 찬탄해 주려무나."
"그러죠 뭐." 어린 왕자는 살짝 어깨를 으쓱하며 말했다.

009

가지고 있으면 그걸로 충분하지

"What do you do with these stars?"

"Nothing. I own them."

"What good does it do you to own the stars?"

"It does me the good of making me rich."

"And what good does it do you to be rich?"

"It makes it possible for me to buy more stars, if any are discovered."

"What do you do with them?"

"I administer them. I count them and recount them. I can put them in the bank."

"Whatever does that mean?"

"That means that I write the number of my stars on a little paper. And then I put this paper in a drawer and lock it with a key."

"And that is all?" / "That is enough."

administer : 관리하다, 운영하다　drawer : 서랍

● "별 가지고 뭘 하는 거예요?" / "아무것도 안 해. 그냥 소유하는 거지."
"별을 가지면 뭐가 좋아요?" / "나를 부자로 만들어주는 게 좋지."
"부자가 되면 뭐가 좋은데요?" / "내가 다른 별을 발견했을 때 더 살 수 있지."
"그럼 그 별들로 뭐하세요?"
"내가 별을 관리할 수 있지. 세고 다시 세고. 별을 은행에 둘 수 있어."
"그게 무슨 말이에요?"
"작은 종이에 별의 개수를 적은 후, 종이를 서랍에 넣고 열쇠로 잠그는 걸 뜻해."
"그게 다예요?" / "그거면 충분하지."

010

사람들 속에서도 외롭긴 마찬가지야

"This is the desert. There are no people in the desert. The Earth is large," said the snake.

"Where are the men?" the little prince at last took up the conversation again.

"It is a little lonely in the desert⋯."

"It is also lonely among men," the snake said.

The little prince gaze at him for a long time.

○

"여긴 사막이야. 사막엔 사람이 없어. 지구는 큰 행성이야." 뱀이 말했다.

"사람은 어디 있어?" 마침내 어린 왕자는 대화를 다시 시작했다.

"사막은 좀 외로운 것 같아."

"사람들 속에서도 외롭긴 마찬가진걸." 뱀이 말했다.

어린 왕자는 오랫동안 뱀을 바라봤다.

gaze at ~ : ~을 응시하다

화요일을 기다린다.
생의 막다른 길목에서
모리 교수가 일깨워주는 생생한 삶의 감각으로
무뎌진 인생의 날을 예리하게 닦아본다.

화요일이 아프다.
장례식장 새벽의 그 날,
불쌍한 부친 생각에 눈물이 새어 나온다.

생의 마지노선까지도 사람들이 북적이는 모리 교수의 집.
장례식장의 밤을 꼬박 지켜주는 형제 하나 없는 아버지의 마지막.
찢어질 듯 가난한 집안의 9남매 장남,
사회로 독립해 나온 삼촌 고모의 당연한 길목이자 하숙집이었던
어린 시절 내 방이 무색하다.
묵묵히 장남의 임무를 완수한 아버지는
생의 마지막 장을
그렇게 외롭게 덮었다.

'그 많은 형제 중 어찌 한 명도 없냐. 불쌍한 우리 매형.'
든든하게 아버지의 밤을 끝까지 배웅해준 외삼촌, 그저 고맙다.

선명한 정신이 육체 안에 갇혀버린 루게릭병과
멀쩡한 육체를 두고 정신이 혼탁해지는 치매.
앓는 병의 차이인지
두 사람의 뒤안길이 달라도 너무 다르다.

죽는 날까지 정신이 맑으면 좋으련만.
끝까지 밀도 있게 삶의 그릇을 빚어
틈이 아닌 여유 공간이 생긴다면
그곳에 외로움이 아닌 관계와 가치를 가득 담아야지.
쓸쓸했던 부친의 삶을 대신해서 풍성하고 싶다.

PART 002

Tuesdays with Morrie
(모리와 함께한 화요일)

하루 10분 100일의 영어 필사

011

뭔가 이루면 상황을 통제할 수 있을 거라 믿었지만

I was back to work a week after the wedding. I told her - and myself - that we would one day start a family, something she wanted very much. But that day never came.

Instead, I buried myself in accomplishments, because with accomplishments, I believe I could control things, I could squeeze in every last piece of happiness before I got sick and died.

It was not like what Morrie had taught me about "being human" and "relating to others." It was always in the distance, as if from another life.

결혼 일주일 후, 일로 돌아갔다. 아내에게 - 그리고 나 스스로에게 - 아이를 낳고 단란한 가족을 꾸릴 것이라 말했다. 정말 그녀가 원하는 일이었다. 하지만 그날은 절대 오지 않았다.

대신, 나는 성취를 위해 일에 묻혀 살았다. 무엇인가 이루어 내면 상황을 통제할 수 있을 거라 믿었다. 병들어 죽기 전에 인생에 남아 있는 모든 행복의 조각을 끼워 넣을 수 있으리라 착각했다.

모리 교수님의 가르침과 반대로 가고 있었다. "인간적으로 살기", "다른 사람들과 관계 맺기"는 마치 저 멀리 다른 세계에서 일어나는 일 같았다.

accomplishment : 업적, 재주   squeeze : 짜다, 짜내다

012

내가 원하는 방식대로 살아내기로 했다네

When all this started, I asked myself, 'Am I going to withdraw from the world, like most people do, or am I going to live?' I decided I'm going to live - or at least try to live - the way I want, with dignity, with courage, with humor, with composure.

이 병이 시작되었을 때 스스로에게 물었지. '대부분의 사람들처럼 세상으로부터 멀어져 서서히 죽어가야 할까? 아니면 살아내야 할까?' 살아내자, 적어도 살아가려고 노력하자는 결심을 했지. 존엄, 용기, 유머, 평정심을 가지고 내가 원하는 방식대로 말이야.

_____

_____

_____

_____

_____

_____

_____

_____

_____

_____

_____

_____

_____

_____

_____

_____

_____

withdraw : 물러나다   dignity : 존엄, 위엄
composure : 평정

013

사랑이 이기지. 언제나 사랑이 이기지

"The tension of opposites?"

"Life is a series of pulls back and forth. You want to do one thing, but you are bound to do something else."

"A tension of opposites, like a pull on a rubber band. And most of us live somewhere in the middle. Sounds like a wrestling match."

"Yes, you could describe life that way."

"Then which side wins?"

"Love wins. Love always wins. Love each other or perish."

○

"반대되는 양쪽의 긴장감이라구요?"

"인생은 밀고 당기는 과정이야. 어떤 걸 하고 싶지만 다른 걸 해야 하지."

"고무줄을 당길 때 같은 팽팽한 긴장이군요. 그리고 우리 대부분은 그 중간 어딘가에 있는 거구요. 레슬링 경기하는 거 같네요."

"그렇다네. 그렇게 인생을 설명해도 되겠어."

"그럼 어느 쪽이 이기는 거예요?"

"사랑이 이기지. 언제나 사랑이 이기지. 서로 사랑하게. 아니면 소멸하게 돼."

be bound to : ~해야 한다   opposite : 반대

014

자네만의 문화를 만들어가면 돼

"The culture we have does not make people feel good about themselves. We're teaching the wrong things. And you have to be strong enough to say if the culture doesn't work, don't buy it. Create your own. Most people can't do it. They're more unhappy than me - even in my current condition. I may be dying, but I am surrounded by loving, caring souls." I was astonished by his complete lack of self-pity.

"현재의 문화는 스스로에 대해 긍정적으로 느끼지 못하게 하지. 잘못된 것을 가르치고 있는 거야. 문화가 제대로 역할하지 못하면 받아들이지 않겠다고 선언할 만큼 강해지게. 그리고 자네만의 문화를 만들어가는 거야. 대부분의 사람들은 그러질 못해. 그러니 현재 상태외(병을 앓고 있는) 나보다 더 불행하지. 나는 죽어가지만 나를 사랑해주는 사람들에 둘러싸여 있어."
나는 자기연민이 전혀 없는 교수님의 말씀에 놀랐다.

complete : 완전한   lack : 부족, 결핍

015

인생에 의미를 불어넣는 방법은 말이야

So many people walk around with a meaningless life.
They seem half-asleep, even when they're busy doing
things they think are important. This is because they're
chasing the wrong things. The way you get meaning
into your life is to devote yourself to loving others,
devote yourself to your community around you, and
devote yourself to creating something that gives you
purpose and meaning.

○

많은 사람들이 의미 없는 삶을 살아간다네. 자기가 중요하다고 생각하는 일을
하며 바쁘게 살고 있을 때조차 비몽사몽인 듯하지. 잘못된 것을 쫓고 있기 때문
이야. 인생에 의미를 불어넣는 방법은 마음을 다해 다른 사람을 사랑하고, 자네
가 속한 공동체를 위해 헌신하며, 인생의 목적과 의미를 부여할 수 있는 무엇인
가를 최선을 다해 만들어가는 것이라네.

016

인생에 돈이 가장 중요한 것은 아니라네

Money is not the most important thing, contrary to the popular view. Morrie tells me I need to be "fully human." He speaks of the alienation of youth and the need for "connectedness" with society around me.

인생에서 돈이 가장 중요한 것은 이니다. 일반적인 관점과는 다르다. 모리 교수님은 나에게 "완전한 인간다움"을 가질 필요가 있다고 말씀하신다. 젊음의 방황기에서 벗어나 내 주변의 사회와 연결될 필요가 있다고 하신다.

contrary to ~ : ~에 반대되어   alienation : 소외, 멀리함   connectedness : 소속감, 유대감

017

보이는 것을 믿을 수 없을 땐
자네의 느낌을 믿는 거야

Sometimes you cannot believe what you see, you have to believe what you feel. And if you are ever going to have other people trust you, you must feel that you can trust them, too-even when you're in the dark. Even when you're falling.

보이는 것을 믿을 수 없을 때가 있어. 그럴 땐, 자네의 느낌을 믿게나. 만일 다른 사람들이 자네를 신뢰하도록 하려면 자네도 그 사람들을 믿을 수 있다고 느껴야 하지. (뒤에 누군가가 있다면) 자네가 눈을 감고 뒤로 떨어질 때조차도 그들이 받쳐줄 거라 믿어야 하는 거야.

018

어떻게 죽을지 알면
어떻게 살아야 할지 알게 되지

Everyone knows they're going to die, but nobody believes it. If we did, we would do things differently.

To know you're going to die, and to be prepared for it at any time. That's better. That way you can actually be more involved in your life while you're living.

Once you learn how to die, you learn how to live.

모두가 죽게 될 것을 안다네. 하지만 아무도 내가 죽을 거라 믿지 않아.

만일 그걸 안다면 다르게 살겠지. 자신이 죽게 된다는 것을 알고 언제든 죽음에 준비되어 있다면 더 좋을 텐데. 그러면 살아 있는 동안 훨씬 인생을 적극적으로 살 수 있게 된다네.

어떻게 죽을지 알면 어떻게 살아가야 할지를 알게 되는 거지.

019

비본질을 걷어내고 본질에 집중해야 해

"We really don't experience the world fully, because we're half-asleep, doing things we automatically think we have to do."

And facing death changes all that?

"Oh, yes. You strip away all that stuff and you focus on the essentials. When you realize you are going to die, you see everything much differently."

○

"우리는 세상을 온전히 경험하지 않고 있어. 왜냐하면 비몽사몽간에 해야 할 일들을 자동적으로 떠올리며 처리하느라 정신이 없기 때문이야."

죽음을 직면하면 모든 것이 바뀔까?

"물론 그렇겠지. 비본질을 걷어내고 본질에 집중하게 되는 거야. 자신이 죽게 될 거라는 사실을 깨달으면 모든 것이 완전히 다르게 보이지."

half-asleep : 비몽사몽간에   strip away : 벗겨내다   stuff : 물건, 것
focus on : 초점을 맞추다

020

자녀를 갖는 것은 다른 것으로 대체될 수 없는 경험이야

There is no experience like having children. There is no substitute for it. You cannot do it with a friend. You cannot do it with a lover. If you want the experience of having complete responsibility for another human being, and to learn how to love and bond in the deepest way, then you should have children.

자녀를 갖는 것은 다른 것으로 대체될 수 없는 경험이라네. 친구와도, 연인과도 함께할 수 없는 경험이야. 한 인간에 대한 완전한 책임, 깊은 사랑과 결속을 경험하고 싶으면 반드시 아이를 가져봐야 한다네.

substitute for : ~을 대신하게 되다

021

경험이 나를 온전히 꿰뚫고
지나갈 수 있도록

Detachment doesn't mean you don't let the experience penetrate you. On the contrary, you let it penetrate you fully. That's how you are able to leave it.

By throwing yourself into these emotions, by allowing yourself to dive in, all the way, you experience them fully and completely. You know what pain is. You know what love is. You know what grief is. Then you recognize that emotion and detach from that emotion for a moment.

○ 벗어난다는 것은 어떤 경험이 우리를 통과하지 못하게 한다는 뜻은 아니야. 반대로, 경험이 온전히 꿰뚫고 지나가게 하는 거야. 그래야 그 경험에서 벗어날 수 있어. 감정 속으로 사네를 던져서 깊숙이 빠져 들어가도록 하면 제대로 그 감정을 경험하게 된다네. 고통이 무엇인지 사랑과 슬픔이 무엇인지 알게 되지. 그러면 그 감정을 알게 되고 잠시 그 감정에 초연해질 수 있다네.

detachment : 무심함, 거리를 둠   penetrate : 관통하다   recognize : 인지하다

022

나이 듦은 성장이라네

As you grow, you learn more. If you stayed at twenty-two, you'd always be as ignorant as you were at twenty-two. Aging is not just decay, you know. It's growth.

If you've found meaning in your life, you don't want to go back. You want to go forward. You want to see more, do more. You can't wait until sixty-five.

나이가 들면서 더 많은 것을 배우게 돼. 22살에 머물면 항상 22살 만큼밖에 모르는 거야. 나이가 드는 것은 노화만을 뜻하지 않아. 성장이 있다네.
인생에 의미를 찾았다면 그걸 모르던 젊은 시절로 돌아가고 싶지 않아져. 오히려 앞으로 나아가고 싶어지지. 더 많은 것을 보고 더 많은 것을 하고 싶으니까. 65세가 빨리 왔으면 하는 생각이 드는 거야.

023

지금 현재 자네의 인생에서
아름다움을 발견해야 해

It is impossible for the old not to envy the young. If you're always battling against getting older, you're always going to be unhappy, because it will happen anyhow. But the issue is to accept who you are and revel in that. This is your time to be in your thirties. I had my time to be in my thirties, and now is my time to be seventy-eight. You have to find what's good and true and beautiful in your life as it is now. Looking back makes you competitive. And, age is not a competitive issue.

노인이 젊은이를 부러워하지 않을 수는 없어. 그렇다고 늙는 것을 애써 막으려 한다면 언제나 불행해지게 되지. 어쨌든 일어날 일이기 때문이야. 중요한 것은 자신을 받아들이고 그 안에서 한껏 즐기는 거야. 30대가 지금 자네의 시간이야. 나의 30대가 있었고 지금 내 시간은 78세야. 지금 현재 자네의 인생에서 아름다움을 발견해야 해. 지난 시절을 그리워하다 보면, 젊은 시절의 자네와 치열하게 경쟁하게 될 뿐이야. 나이는 경쟁의 문제가 아니라네.

battle against : ~와 싸우다   competitive : 경쟁적인

돈도 권력도 다정함을 대신하지 못하지

"You can't substitute material things for love or for gentleness or for tenderness or for a sense of comradeship. Money is not a substitute for tenderness, and power is not a substitute for tenderness. When you most need it, neither money nor power will give you the feeling you're looking for, no matter how much of them you have."

Morrie's house had filled with love and teaching and communication. It had filled with friendship and family and honesty and tears. It had filled with colleagues and students and a cappella groups. It had become a wealthy home, even though his bank account was rapidly depleting.

● "물질적인 것이 사랑, 다정함, 동료애를 대신할 수 없어. 돈도 권력도 다정함을 대신하지 못한다네. 자네가 다정함을 가장 필요로 할 때 돈이나 권력은 아무리 많이 가지고 있더라도 그것을 주지 못하지."
모리 교수님의 집은 사랑과 가르침과 친밀한 관계로 가득했다. 우정, 가족애, 정직과 눈물로 꽉 찼으며 동료, 학생 아카펠라 팀원들이 집을 가득 메웠다. 은행 잔고는 급속도로 바닥을 드러내고 있었지만 그의 집은 부요했다.

tenderness : 다정, 친절   comradeship : 동료애   substitute : 대체물
colleague : 동료   deplete : 감소시키다

025

참 만족은 네가 주어야 할 것을 줄 때 얻을 수 있다네

There's a big confusion in this country over what we want versus what we need. You have to be honest with yourself. You don't need the latest sports car, you don't need the biggest house. The truth is, you don't get satisfaction from those things. What really gives you satisfaction is offering what you have to give. I don't mean money. I mean your time. Your concern. Your storytelling. It's not so hard.

우리는 원하는 것과 필요한 것을 크게 혼돈하고 있네. 자신에게 솔직해져야 해. 최신식 스포츠카나 큰 집이 필요한 것이 아니라네. 그런 것들로 만족을 얻지 못하지. 자네에게 진정으로 만족을 주는 것은 줄 수 있는 깃을 상대에게 주는 것이네. 돈을 말하는 것이 아니야. 바로 자네의 시간과 관심, 그리고 자네의 이야기를 해주는 것이네. 그게 생각만큼 어려운 일은 아니야.

versus : ~대(對, 줄여서 vs.로 표기)

026

마음속에서 우러나는 친절을 베풀게

If you're trying to show off for people at the top, forget it. They will look down at you anyhow. And if you're trying to show off for people at the bottom, forget it. They will only envy you. Status will get you nowhere. Only an open heart will allow you to float equally between everyone.

Do the kinds of things that come from the heart. When you do, you won't be dissatisfied, you won't be envious, you won't be longing for somebody else's things. On the contrary, you'll be overwhelmed with what comes back.

○ 꼭대기에 있는 사람들에게 뽐내려고 애쓰는 중이라면 관두게. 그들은 어떻게든 자네를 내려다볼 거야. 바닥에 있는 사람들에게 자랑하려 한다면 그것도 멈추게. 그들은 자네를 질투하기만 할 뿐이야. 자네가 어느 위치에 속하느냐는 해결책이 될 수 없어. 열린 마음으로만 모든 사람들 사이에서 동등하게 서 있을 수 있을 거야.

마음속에서 우러나는 친절을 베풀게. 그러면 실망하는 일도 질투도 그리고 다른 사람의 것을 탐내는 마음도 없을 거야. 오히려 베푸는 데서 돌아오는 만족감으로 가득할 거야.

status : 지위   show off : 으스대다, 자랑하다   float : 흘러가다, 뜨다
overwhelm : 압도하다, 제압하다   long for : 간절히 바라다

027

세상에 오직 그 사람밖에 없는 것처럼

When Morrie was with you, he was really with you. He looked you straight in the eye, and he listened as if you were the only person in the world.

"I believe in being fully present. That means you should be with the person you're with. When I'm talking to you now, I try to keep focused only on what is going on between us."

모리 교수님은 누군가와 함께 있을 때 그와 온전히 시간을 가졌다. 그 사람의 눈을 응시하고 세상에 오직 그 사람밖에 없는 것처럼 이야기를 들어주었다.

"나는 온전히 함께할 수 있다는 것을 믿어. 그건 자네가 함께하는 사람과 정말로 '함께' 시간을 공유하는 것을 의미하지. 지금 내가 자네에게 이야기할 때는 우리 사이에서 일어나는 일에만 집중하려고 노력하지."

028

너무 서두르는 것도 문제야

"Part of the problem is that everyone is in such a hurry. People haven't found meaning in their lives, so they're running all the time looking for it. They think the next car, the next house, the next job. Then they find those things are empty, too, and they keep running."

"Once you start running," I said, "it's hard to slow yourself down."

"사람들이 너무 서두르는 것도 문제야. 인생에 의미를 찾지 못하니 만날 그것을 찾으려고 뛰어다니지. 다음번엔 무슨 차를 살지, 다음번 집과 직장에 대해서 생각하느라 바빠. 나중에 그것들이 공허하다는 것을 깨닫게 되면 다음 것을 찾기 위해서 또 계속 뛰는 거야."

"뛰기 시작하면 속도를 늦추기가 힘들어요." 내가 말했다.

029

가져간 만큼 채워야 한다네

A tribe called the Desana in the South American rain forest see the world as a fixed quantity of energy that flows between all creatures. Every birth must therefore engender a death, and every death bring forth another birth. This way, the energy of the world remains complete.

The closer he gets to good-bye, the more he seems to feel we are all creatures in the same forest. "What we take, we must replenish. It's only fair," he says.

데사나라 불리는 남미 우림 지역의 한 부족은 모든 피조물 사이에 흐르는 에너지의 양이 정해져 있다고 믿는다. 따라서 모든 탄생은 필연적인 죽음을 낳고 모든 죽음은 탄생을 가져온다. 이런 식으로 세상의 에너지가 동일하게 유지된다. 모리 교수님은 작별 시간이 가까워질수록 우리 모두가 같은 숲에 사는 피조물임을 더 강하게 느끼는 듯하다. 교수님은 말한다.

"우리가 가져가면 그만큼 채워 넣어야 해. 그건 아주 공평한 일이야."

engender : 낳다, 불러일으키다   replenish : 다시 채우다, 보충하다

030

내 생각에 결혼은 정말 중요한 일이야

I've learned this much about marriage. You get tested. You find out who you are, who the other person is, and how you accommodate or don't. There are a few rules I know to be true about love and marriage: If you don't respect the other person or don't know how to compromise, you're gonna have a lot of trouble. If you can't talk openly about what goes on between you, or don't have a common set of values in life, you're gonna have a lot of trouble. And the biggest one of those values is your belief in the importance of your marriage. I think marriage is a very important thing to do, and you're missing a hell of a lot if you don't try it.

accommodate : 수용하다, 공간을 제공하다   compromise : 타협하다

○ 결혼에 대해 좀 배운 것 같아. 그건 시험대에 오르는 것과 같네. 자기가 누구인
지 상대가 누구인지 둘이서 어떻게 맞추어 갈지를 알아가는 거지. 사랑과 결혼
에 대해 진실한 규칙이 몇 가지 있어. '상대를 존중하지 않거나 타협하는 방법을
모르면 문제가 생긴다', '둘 사이의 일을 터놓고 이야기하지 못하거나 인생의 가
치가 서로 다르면 큰 문제가 닥친다' 그런데 가장 중요한 건 바로 자네가 결혼이
중요하다는 것을 믿는 걸세. 내 생각에 결혼은 정말 중요한 일이야. 결혼해보지
않으면 인생에 엄청난 것을 놓치게 돼.

자기만의 문화를 창조하려고
노력해야 한다네

The way to do it, I think, isn't to run away. You have to work at creating your own culture. No matter where you live, the biggest defect we human beings have is our shortsightedness. We don't see what we could be. We should be looking at our potential, stretching ourselves into everything we can become.

○

달아난다고 해결될 일은 아니야. 지금 있는 곳에서 자기만의 문화를 창조하려고 노력해야 해. 어디에 있든 우리의 가장 결점은 근시안이라네. 우리는 자신이 무엇이 될 수 있는지를 보지 않는다네. 우리의 잠재력을 바라봐야 해. 그래야 최대치의 모습으로 쭉 뻗어 나갈 수 있다네.

defect : 결함   shortsightedness : 근시안

032

인생을 살아가는 내내 우리는
누군가가 필요하지

We all have the same beginning – birth – and we all have the same end - death. So how different can we be? Invest in the human family. Invest in people. Build a little community of those you love and who love you. In the begining of life, when we are infants, we need others to survive. And at the end of life, when you get like me, you need others to survive. Here's the secret: in between, we need others as well.

우리 모두 출생이라는 것으로 똑같이 출발을 하네. 그리고 죽음으로 똑같이 끝을 맺지. 그런데 서로가 어떻게 다를 수 있겠나? 인류라는 가족과 사람들에게 헌신해야 해. 자네가 사랑하고 또 자네를 사랑하는 사람들과 작은 공동체를 만들어가게. 인생의 출발점인 아기 시절에, 누군가가 돌봐줘야 생존할 수 있듯이 나처럼 아파서 삶이 끝나갈 무렵에도 생명을 유지하려면 누군가가 필요해지지. 비밀이 여기 있다네. 인생을 살아가는 내내 우리는 누군가가 필요하다는 거야.

infant : 유아, 아기

033

급작스레 죽지도 너무 오래 연명하지도 않으면 좋겠네

He told he wanted to die with serenity. He shared his latest aphorism: "Don't let go too soon, but don't hang on too long."

This disease is knocking at my spirit. But it will not get my spirit. It'll get my body. It will not get my spirit.

모리 교수님은 평안하게 죽고 싶다고 말했다. 그리고 그의 마지막 아포리즘을 나누어주었다. "너무 급작스레 떠나지도 그렇다고 너무 오래 연명하지도 마라." 루게릭병이 내 영혼을 두드리고 있다네. 하지만 내 영혼을 삼킬 수는 없지. 몸은 잡아 먹어도 내 영혼은 절대 그럴 수 없어.

serenity : 평화로운, 조용한   aphorism : 격언   hang on : 기다리다, 꽉 붙잡다

034

죽기 전에 자신을 용서하게

Forgive yourself before you die. It's not just other people we need to forgive. We also need to forgive ourselves. For all the things we didn't do. All the things we should have done. You can't get stuck on the regrets of what should have happened. That doesn't help you when you get to where I am. You need to make peace with yourself.

죽기 전에 자신을 용서하게. 용서는 다른 사람에게만 하는 것이 아니야. 우리 자신도 용서해야 하네. 우리가 하지 않은 일들에 대해서 말이야. 했어야 했는데 하지 않은 모든 일에 대해서 용서해야 한다네. 일이 이리저리 되지 않았다고 회한에 갇혀 있을 수는 없어. 그런 태도는 지금 나 같은 상황에 이르면 아무 도움이 안 되지. 자네 자신과 꼭 화해를 하게나.

be stuck on : ~에 빠져 있다   regret : 후회, 유감

035

죽음으로 생명은 끝나지만
관계가 끝나는 것은 아니라네

As long as we can love each other, and remember the feeling of love we had, we can die without ever really going away. All the love you created is still there. All the memories are still there. You live on - in the hearts of everyone you have touched and nurtured while you were here.

Death ends a life, not a relationship.

서로를 사랑하고 사랑의 감정을 기억하는 한 우린 죽어서 잊혀지지 않는다네. 자네기 기꾼 사랑과 추억들은 고스란히 남아 있는 것이지. 살아 있는 동안 만지고 보살폈던 모든 사람의 마음속에 계속 살아 있는 거야.

죽음으로 생명은 끝나지만 관계가 끝나는 것은 아니라네.

nurture : 보살피다, 양육하다

036

삶에서 가장 중요한 것은
평범한 하루에서 완벽함을 찾는 거야

"What if you had one day perfectly healthy, what would you do?"

"Twenty-four hours? Let's see⋯ I'd get up in the morning, do my exercises, have a lovely breakfast of sweet rolls and tea, go for a swim, then have my friends come over for a nice lunch. I'd have them come one or two at a time so we could talk about their families, their issues, talk about how much we mean to each other."

It was so simple. So average. After all these months, lying there, unable to move a leg or a foot, how could he find perfection in such an average day?

Then I realized this was the whole point.

○ "하루 동안 완벽하게 건강해진다면 무엇을 하시겠어요?"

"24시간 동안? 글쎄… 아침에 일어나서 운동을 하고 롤케이크와 홍차로 멋진 아침 식사를 한 후에 수영을 가겠지. 그리고 친구들을 불러서 맛있게 점심을 먹을 거야. 한 번에 한두 명씩 부를 거야. 그래야 가족, 요즘 사는 이야기, 그리고 서로에게 얼마나 소중한지를 깊이 나눌 수 있으니까."

너무 소박하고 평범했다. 그렇게 오랜 시간 누워서 다리, 아니 발도 하나 까딱하지 못하셨는데 어떻게 그렇게 평범한 하루에서 완벽함을 찾을 수 있을까?

그제서야 나는 이것이 삶에서 가장 중요한 것임을 깨달았다.

037

너는 부서지는 파도가 아니라 큰 바다의 일부란다

A little wave is enjoying the wind and the fresh air until he notices the other waves in front of him crashing against the shore.

"My God, this is terrible. Look! What's going to happen to me!"

Another wave says to him, "Why do you look so sad?"

The first wave says, "You don't understand! We're all going to crash! All of us waves are going to be nothing!"

The second wave says, "No, you don't understand. You're not a wave, you're part of the ocean."

○ 작은 파도는 바람과 신선한 공기를 즐기고 있었지. 그러다 자기 앞에 있는 다른 파도들이 해변에 닿아 부서지는 것을 보았어. 작은 파도가 말했다네. "맙소사, 이런 끔찍한 일이! 내가 무슨 일을 당할지 보라구!"

다른 파도가 말했어. "너 왜 그렇게 슬퍼 보이니?"

"넌 모를 거야! 우리 모두는 부서지게 된다구! 모든 파도는 다 부서져 없어지게 될 거야!"

그러자 다른 파도가 말했다네. "아냐, 네가 잘 모르고 있나 본데. 넌 그냥 부서져 버리는 파도가 아니라 바다의 일부라구."

crash against : ~와 부딪치다

038

인생에서 너무 늦은 일 따위는 없단다

None of us can undo what we've done, or relive a life already recorded. But if Professor Morrie Schwartz taught me anything at all, it was this: there is no such thing as "too late" in life. He was changing until the day he said good-bye.

●

아무도 이미 벌어진 일을 되돌릴 수 없다. 이미 기록된 삶을 다시 살 수도 없다. 하지만 모리 교수님이 내게 가르쳐준 것이 있다면 바로 이것이다: 인생에서 '너무 늦은 일'은 없다. 그는 작별인사를 할 때까지 계속해서 변해갔다.

undo : 원상태로 돌리다   relive : 다시 살다

우리네 인생을 향해
무언가가 계속 속삭인다.
세상의 소리, 다른 사람의 소리, 현자의 소리, 내 마음의 소리.

때론 애매한 속삭임에 짓눌리기도 하고
맹렬한 위협의 돌부리에 튕겨 나가기도 하며
제대로 된 소리가 무엇인지 갈팡질팡 하기도 한다.

끊임없이 반대하는 외부의 소리를 밀어내고
오롯이 내 마음의 소리에만 귀를 기울인
인생의 결정 두 가지가 있다.
영어 교사가 되는 것,
그리고 남편과 결혼하는 것.
결국은 좋았지만
시작은 힘들었다.

중요한 것은,
미세하지만 알찬 나의 소리를 쭉 뽑아내어
지난한 여정을 마다하지 않고 진격하는 소신이다.

산티아고가 광활한 사막을 건너 발견한 보물은
가시적인 '삐까뻔쩍임'을 훌쩍 넘어선다.
자신이 선택한 인생길을 가다 보면
지나가지 않으면 몰랐을 삶의 요체들이
하나씩 인생 주머니에 담긴다.
남들에게 한심한 듯 보였던 그 길 끝에 서면
내 안에 이미 모든 것이 들어찬다.
인생에 맞고 틀림은 없다.
내 것과 내 것이 아닌 것이 있을 뿐.

다시, 내 안의 소리를 따를 용기를 장전한다.

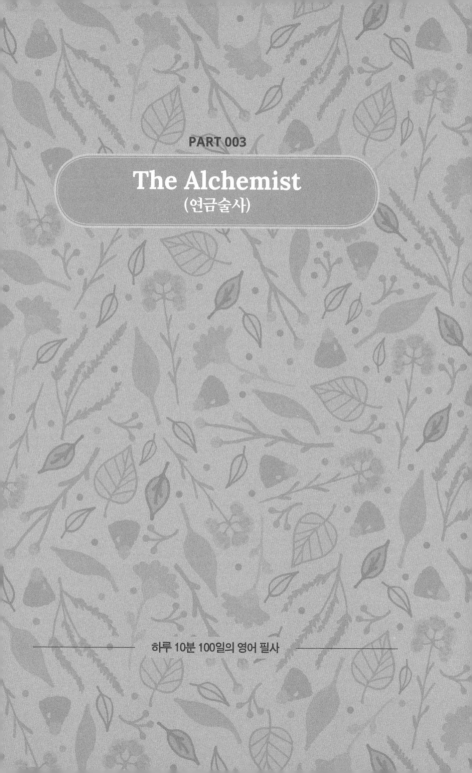

PART 003

The Alchemist
(연금술사)

하루 10분 100일의 영어 필사

039

산티아고는 언제나 새로운 길을 찾아 여행했다

Most important, he was able every day to live out his dream. Whenever he could, he sought out a new road to travel. The problem is that sheep don't even realize that they're walking a new road every day. They don't see that the fields are new and the seasons change. All they think about is food and water.

Maybe we're all that way. It's the possibility of having a dream come true that makes life interesting, he thought, as he looked again at the position of the sun, and hurried his pace.

무엇보다 중요한 건 매일 자신의 꿈을 실현해갈 수 있다는 점이었다. 산티아고는 언제나 새로운 길을 찾아 여행했다. 문제는 데리고 다니는 양들이 새로운 길에는 관심이 없다는 거였다. 양들은 목초지가 새롭고 계절이 바뀐다는 걸 알아채지 못했다. 오직 먹을 것과 물에 대한 관심뿐이었다. 우리 모두가 그럴지도 모른다. 인생을 살맛 나게 해주는 건 바로 꿈이 실현되리라는 믿음이다. 산티아고는 다시 하늘을 바라보며 생각에 잠겼다가 이내 걸음을 재촉했다.

seek out : 찾아내다 (seek - sought - sought)

040

사람들은 인생을 어떻게 살아야 할지
알지 못한다

When someone sees the same people every day, as had happened with him at the seminary, they wind up becoming a part of that person's life. And then they want the person to change. If someone isn't what others want them to be, the others become angry. Everyone seems to have a clear idea of how other people should lead their lives, but none about his or her own.

산티아고가 신학교 시절에 그랬던 것처럼 매일 똑같은 사람들을 만나면 그들은 우리 삶의 한 부분이 되어버린다. 그렇게 되고 나면 그들은 우리의 삶을 변화시키려 한다. 그들이 원하는 대로 우리가 바뀌지 않으면 불만을 갖는디. 사람들은 타인의 인생에 대해서는 분명한 기준이 있지만 정작 자신의 인생을 어떻게 살아야 할지는 모르는 것 같다.

wind up ~ing : 결국 ~하다   seminary : 신학대학

041

우리가 운명의 지배를 받는다는 건
터무니 없는 생각이야

"It describes people's inability to choose their own Personal Legends. And it ends up saying that everyone believes the world's greatest lie."

"What's the world's greatest lie?" the boy asked, completely surprised.

"It's this: that at a certain point in our lives, we lose control of what's happening to us, and our lives become controlled by fate. That's the world's greatest lie."

○

"이 책에서는 자아의 신화(자신의 소명)를 선택할 수 없는 인간의 무력함에 대해 말하고 있어. 결국 모든 사람들이 세상에서 가장 터무니없는 거짓말을 믿게 된다는 거야."

"세상에서 가장 터무니없는 거짓말이라뇨?" 산티아고가 놀라서 물었다.

"바로 이것이지. 인생의 어느 시점에서 우리는 자신의 운명을 통제하지 못하고 운명의 지배를 받게 된다는 거야. 터무니없는 소리지."

end up ~ing : 결국 (어떤 처지에) 처하게 되다

042

무언가 간절히 원하면
온 우주가 그것을 이루도록 도와준단다

There is one great truth on this planet: whoever you are, or whatever it is that you do, when you really want something, it's because that desire originated in the soul of the universe. It's your mission on earth.

When you want something, all the universe conspires in helping you to achieve it.

○

이 세상에 하나의 대진리가 있지: 네가 누구이든, 무엇을 하든, 무엇인가를 진정으로 원하게 되는 이유는 그 마음이 우주의 정신에서 나온 것이기 때문이야. 지상에서 완수해야 할 임무인 것이지.

무엇인가 간절히 원하면 온 우주가 그것을 이루도록 도와주는 거야.

originate : 기원하다   conspire : 음모를 꾸미다, 공모하다

043

막을 것은 아무것도 없어요.
나 자신 말고는

He had to choose between something he had become accustomed to and something he wanted to have. He felt jealous of the freedom of the wind, and saw that he could have the same freedom. There was nothing to hold him back except himself. All the things were only steps along the way to his Personal Legend.

산티아고는 이미 익숙해진 것과 갖고 싶은 것 중에 선택을 해야 했다. 그는 어디로든 갈 수 있는 바람의 자유기 부러웠다. 그러디 문득 자신도 그럴 수 있다는 것을 알았다. 그를 막을 것은 아무것도 없었다. 그 자신 말고는.
모든 것은 자아의 신화를 이루어가는 과정일 뿐이었다.

between A and B : A와 B 사이에
be accustomed to ~ing : ~에 익숙하다   hold back : ~을 제지하다

행복의 비밀은 이 세상 모든 아름다움을 보는 동시에 숟가락 속에 담긴 기름 두 방울을 잊지 않는 데 있다네

He suggested that the boy look around the palace and return in two hours. Handing the boy a teaspoon that held two drops of oil, he said, "As you wander around, carry this spoon with you without allowing the oil to spill." The boy observed nothing because his only concern was not to spill the oil.

"Then go back and observe the marvels of my world," said the wise man. This time, the boy saw the gardens, the mountains all around him, the beauty of the flowers. But looking down at the spoon he held, the boy saw that the oil was gone. "The secret of happiness is to see all the marvels of the world, and never to forget the drops of oil on the spoon," said the wisest of wise men.

wander around : 돌아다니다, 배회하다   spill : 쏟아지다, 흘리다

○ 현자는 자신의 저택을 구경하고 두 시간 후에 다시 오라고 했지. 그리고 덧붙였어.
"이곳에서 걸어 다니는 동안 이 차 숟갈의 기름을 한 방울도 흘려서는 안 되네."
두 시간 후 현자 앞으로 다시 돌아왔으나 젊은이는 아무 것도 보지 못했어. 그의
관심은 오로지 기름을 한 방울도 흘리지 않는 것이었으니 말이야.
"그렇다면 다시 가서 내 집의 아름다운 것들을 좀 살펴보고 오게나." 이번에는
현자의 말처럼 소년은 저택의 예술품들, 정원과 주변의 산들, 화려한 꽃들을 감
상하며 궁전을 둘러보았지. 하지만 돌아와서 스푼을 보니 기름이 다 떨어지고
없었지. 현자 중의 현자가 말했지.
"행복의 비밀은 이 세상 모든 아름다움을 보는 것, 그리고 동시에 숟가락 속에
담긴 기름 방울을 잊지 않는 데 있도다."

045

기회가 가까이 오면 그걸 이용해야 하지

We have to take advantage when luck is on our side, and do as much to help it as it's doing to help us. It's called the principle of favorability. Or beginner's luck.

기회가 가까이 오면 그길 이용해아 한다. 기회가 우리를 도우려고 힐 때 우리도 기회를 도와 할 수 있는 모든 일을 해야 한다. 그것을 은혜의 섭리, 혹은 '초심자의 행운' 이라고 한다.

principle : 원리, 원칙 favorability : 호감도, 은혜

삶이란 우리가 살고 있는
바로 지금 이 순간

I don't live in either my past or my future. I'm interested only in the present. If you can concentrate always on the present, you'll be a happy man. You'll see that there is life in the desert, that there are stars in the heavens, and that tribesmen fight because they are part of the human race. Life will be a party for you, a grand festival, because life is the moment we're living right now.

나는 과거에도 미래에도 살고 있지 않소. 현재만이 유일한 관심이오. 만일 당신이 항상 현재에만 집중할 수 있다면 진정 행복한 사람일 게요. 그럼 당신은 사막에도 생명이 있고, 하늘에는 무수한 별이 있으며, 전사들이 전투를 벌이는 것은 삶의 부분이기 때문임을 알게 될 거요. 삶은 성대한 잔치이며 큰 축제요, 삶이란 우리가 살고 있는 바로 지금 이 순간이기 때문이오.

either A or B : A이거나 혹은 B
tribesmen(복수) : 부족인 (cf. tribesman(단수))

047

먹을 시간이 되면 먹고,
길을 떠나야 할 때는 떠나는 거야

The boy thought about his treasure. The closer he got to the realization of his dream, the more difficult things became. In his pursuit of the dream, he was being constantly subjected to tests of his persistence and courage. "Don't be impatient," he repeated to himself. "It's like the camel driver said: 'Eat when it's time to eat. And move along when it's time to move along.'"

산티아고는 자신의 보물에 대해 생각했다. 자신의 꿈에 점차 가까워질수록 더 큰 어려움이 찾아왔다. 꿈을 쫓이기는 과정에서 끈기와 용기가 지속적으로 시험대에 올랐다. "초조해하지 말자." 그는 속으로 되뇌었다. "낙타몰이꾼이 얘기한 대로 '먹을 시간이 되면 먹고, 길을 떠나야 할 때는 떠나는 거야.'"

be subject to : ~의 대상이다, ~의 지배를 받다   persistence : 끈기, 고집

048

지구상의 모든 사람들이
마음으로 이해하는 언어, 사랑

He learned the most important part of the language that all the world spoke - the language that everyone on earth was capable of understanding in their heart. It was love. Something older than humanity, more ancient than the desert. It was the pure Language of the World. It required no explanation, just as the universe needs none as it travles through endless time. Without love, one's dream has no meaning.

그는 모든 세상 사람들이 말하는 언어, 지상의 모든 이들이 마음으로 이해할 수 있는 그 언어의 중요한 부분을 깨달았다. 그것은 사랑이었다. 사랑은 인류보다도 오래되었고 사막보다도 오래된, 순수한 만물의 언어였디. 사랑엔 이떤 설명도 필요 없었다. 마치 우주가 무한한 시간을 지나갈 때 아무것도 필요하지 않은 것처럼. 사랑이 없다면 어떠한 꿈도 무의미하다.

humanity : 인류   ancient : 고대의

049

사막의 모래 언덕은 바람에 따라 변하지만, 사막은 언제나 변하지 않지

"Marktub," she said. "If I am really a part of your dream, you'll come back one day. That's why I want you to continue toward your goal. If you have to wait until the war is over, then wait. But if you have to go before then, go on in pursuit of your dream. The dunes are changed by the wind, but the desert never changes."

"마크툽," 파티마가 말했다. "내가 당신 꿈의 일부라면 언젠가 당신은 다시 돌아올 거예요. 당신이 목표를 향해 여행을 계속하길 바래요. 전쟁이 끝날 때까지 기다려야 한다면 그렇게 하세요. 하지만 그 전에 떠나야 한다면 꿈을 찾아 가세요. 사막의 모래 언덕은 바람에 따라 변하지만, 사막은 언제나 변하지 않아요."

in pursuit of : ~을 추구하여   dune : 모래 언덕, 사구

050

성공하려면 실패에 대한 두려움이 없어야 해

"This is the first phase of the job," he said. "I have to separate out the sulfur. To do that successfully, I must have no fear of failure. It was my fear of failure that first kept me from attempting the Master Work. Now, I'm beginning what I could have started ten years ago. But I'm happy at least that I didn't wait twenty years."

○

이것이 작업의 첫 번째 단계야. 불순물이 섞인 유황을 분리해내야 해. 성공하려면 실패에 대한 두려움이 없어야 하지. 실패힐지도 모른다는 두려움이야밀로 '위대한 작업'을 시도조차 못하게 했던 주범이었어. 10년 전에 할 수 있었던 이 일을 이제야 시작하네. 그래도 20년을 기다리지 않게 된 것만으로 행복하네.

phase : 단계   sulfur : 유황

051

현재가 나아지면 그다음 날들도
더 나아질 거야

How do I guess at the future? Based on the omens of the present. The secret is here in the present. If you pay attention to the present, you can improve upon it. And, if you improve on the present, what comes later will also be better. Forget about the future, and live each day. Each day, in itself, brings with it an eternity.

내가 어떻게 미래를 예측할 수 있을까? 현재의 징후들 덕분이야. 비밀은 바로 현재에 있어. 현재에 주의를 기울이면 현재를 더욱 나아지게 할 수 있지. 현재가 좋아지면 그다음 날들도 더 나아질 거야. 미래는 잊어버리고 하루를 충실하게 살아가. 그렇게 살아낸 하루하루에 오랜 시간이 깃들게 되는 거야.

omen : 징조, 조짐   eternity : 영원, 오랜 시간

052

배움에는 딱 한 가지 방법만이 있단다. 그것은 실행을 통해서지

"There is only one way to learn," the alchemist answered. "It's through action. Everything you need to know you have learned through your journey. God created the world so that, through its visible objects, men could understand his spiritual teachings and the marvels of his wisdom. That's what I mean by action."

"배움에는 딱 한 가지 방법밖에 없어. 바로 실행하면서 배우는 거지." 연금술사가 말했다. "자네가 알아야 할 모든 것들은 여행을 통해서 배우지 않았나. 신이 만물을 창조한 것은 보이는 것을 통해서 인간이 그의 영적 가르침과 경이로운 지혜를 깨닫게 하기 위해서네. 그것이 바로 내가 '실행'이라고 부르는 것일세."

visible : 볼 수 있는 ↔ invisible   marvel : 경이(로운 결과)

053

마음이 가는 곳에 보물이 있다네

"Listen to your heart. Because wherever your heart is, that is where you'll find your treasure."

"You mean I should listen, even if it's treasonous?"

"Treason is a blow that comes unexpectedly. If you know your heart well, it will never be able to do that to you. Because you'll know its dreams and wishes, and will know how to deal with them. You will never be able to escape from your heart. So it's better to listen to what it has to say. That way, you'll never have to fear an unanticipated blow."

○

"자네의 마음에 귀를 기울이게. 마음이 가는 곳에 보물이 있기 때문이지."

"제 마음이 이토록 저를 거역하는데도 들어야 하나요?"

"거역이란 예기치 못한 충격일 게야. 만일 자신의 마음을 잘 알고 있다면 그렇게 자네에게 타격을 주지 않겠지. 왜냐하면 자네는 마음에서 나오는 꿈과 소원을 잘 알고, 어떻게 해야 할지를 알고 있을 테니까. 절대 마음으로부터 자유로울 수는 없어. 그러니 마음의 소리를 귀담아 듣는 편이 낫네. 그러면 예기치 못한 마음의 충격을 두려워하지 않아도 될 거야."

treasonous : 거역하는   treason : 반역, 거역
unexpectedly : 예기치 못하게   unanticipated : 기대(예상)하지 않은

054

지상의 모든 사람들에게는
그를 기다리는 보물이 있지

"Everyone on earth has a treasure that awaits him. We, people's hearts, seldom say much about those treasures, because people no longer want to go in search for them. Unfortunately, very few follow the path laid out for them - the path to their Personal Legends, and to happiness."

"Why don't people's hearts tell them to continue to follow their dreams?" the boy asked the alchemist.

"Because that's what makes a heart suffer most, and hearts don't like to suffer."

"지상의 모든 사람들에게는 그를 기다리는 보물이 있어. 그런데 우리 인간의 마음은 그 보물들에 대해 거의 얘기하지 않아. 사람들이 더이상 보물을 찾으려고 하지 않기 때문이지. 불행히도 자기 앞에 그려진 길, 즉 자아의 신화와 행복의 길을 따라가는 사람은 거의 없어."

"왜 사람들의 마음은 자신의 꿈을 지속적으로 따라가지 않을까요?" 소년이 연금술사에게 물었다.

"그건 마음을 매우 고통스럽게 하기 때문이야. 마음은 고통받기 싫어하거든."

await : ~을 기다리다

055

가장 어두운 시간은 바로 해뜨기 직전일세

"Before a dream is realized, the Soul of the World tests everything that was learned along the way. It does this not because it is evil, but so that we can, in addition to realizing our dreams, master the lessons we've learned as we've moved toward that dream. That's the point at which most people give up. Every search begins with beginner's luck. And every search ends with the victor's being severely tested." The boy remembered an old proverb from his country. It said that the darkest hours of the night came just before the dawn.

"꿈이 실현되기 전, 만물의 정기는 그 과정에서 배운 모든 것을 시험한다네. 악의가 있어서가 아니라 자신의 꿈을 실현하는 것 말고도 꿈을 향해 가면서 배운 가르침에 통달하게 하려는 거야. 바로 그 지점에서 대부분의 사람들이 포기를 하지. 꿈을 찾아가는 모든 도전은 초심자의 행운으로 시작되고 가혹한 시험으로 끝을 맺게 된다네." 산티아고는 자기 고향의 오랜 속담 하나를 떠올렸다. 가장 어두운 시간은 바로 해뜨기 직전이라는 말을.

_____

_____

_____

_____

_____

_____

_____

_____

_____

_____

_____

_____

_____

_____

_____

_____

_____

_____

victor : 승리자   severely : 가혹하게, 심하게
proverb : 속담

056

믿지 않으면 보물을 볼 수 없다네

"That's the Philosopher's Stone and the Elixir of Life. It's the Master Work of the alchemists. Whoever swallows the elixir will never be sick again, and a fragment from that stone turns any metal into gold."

The Arabs laughed at him and allowed the boy and the alchemist to proceed with all of their belongings.

"Are you crazy?" the boy asked the alchemist, when they had moved on.

"What did you do that for?"

"To show you one of life's simple lessons," the alchemist answered.

"When you possess great treasures within you, and try to tell others of them, seldom are you believed."

---

elixir : 영약, 묘약 (the elixir of life : 불로장생 약)   proceed : 나아가다
swallow : 삼키다   fragment : 조각, 파편   belonging : 소유물

"그건 철학자의 돌과 불로장생 묘약이오. 연금술사들의 '위대한 업'이지요. 묘약을 마시는 자마다 다시는 병들지 않게 되고 그 돌조각은 어떤 쇠붙이도 금으로 만들 수 있소."

아랍인 병사들은 어이없다는 듯 크게 웃었다. 그리고는 산티아고와 연금술사가 가지고 있던 짐과 함께 통과하도록 보내주었다.

"제정신이세요?" 그곳을 빠져나온 후 산티아고가 연금술사에게 물었다.

"왜 그런 말을 하셨어요?"

"자네에게 인생의 단순한 교훈을 보여주기 위해서였네." 연금술사가 대답했다.

"자네 안에 엄청난 보물이 있고 그걸 다른 사람들에게 알려주려 해도 그들은 몰라. 보물의 존재를 믿지 않아서지."

057

죽음에 대한 두려움은 자신의 삶에 대한 의식을 훨씬 더 높여주지

You'll die in the midst of trying to realize your Personal Legend. That's a lot better than dying like millions of other people, who never even knew what their Personal Legends were. But don't worry. Usually the threat of death makes people a lot more aware of their lives.

자네는 자아의 신화를 이루기 위해 노력하다 죽게 되는 거야. 자아의 신화가 뭔지 조차 모르고 죽었던 무수한 사람들보다는 훨씬 낫지. 하지만 걱정 말게. 대개 죽음에 대한 두려움은 자신의 삶에 대한 의식을 훨씬 더 높여주니까.

137

058

사랑은 만물이 순환하도록 하는 양분이란다

"What is love?" the desert asked.

"Love is the falcon's flight over your sands. Because for him, you are a green field, from which he always returns with game. He knows your rocks, your dunes, and your mountains, and you are generous to him. You created the game in the first place. To nourish the falcon. And the falcon then nourishes man. And, eventually, man will nourish your sands, where the game will once again flourish. That's how the world goes."

"사랑이 뭐지?" 사막이 물었나.

"사랑은 매가 너의 모래 위를 나는 것과 같아. 매에게 너는 푸른 초원이지. 그 초원에서 항상 먹이를 얻어 돌아가니까. 매는 사막에 있는 바위, 모래언덕, 산을 알고 있고, 너는 늘 매에게 모든 것을 주잖아. 매를 기르기 위해서 네가 먹이를 만들어준 거야. 그러면 매는 또 사람의 먹이가 되고 결국 사람은 또 언젠가 모래가 되지. 그곳에서 다시 먹이가 자라는 거고. 만물은 그렇게 순환하는 거야."

falcon : 매 game : 먹이, 사냥감 generous to~ : ~에게 후한
nourish : 영양분을 공급하다, 키우다

이전보다 더 나은 존재가 되려고 노력하면 주변의 모든 것도 더 나아져

It's true that everything has its Personal Legend, but one day that Personal Legend will be realized. Each thing has to transform itself into something better, and to acquire a new Personal Legend. Everyone will search for his treasure, find it, and then want to be better than he was in his former life. When we strive to become better than we are, everything around us becomes better, too. Lead will play its role until the world has no further need for lead; and then lead will have to turn itself into gold.

만물에는 저마다의 자아 신화가 있고 언젠가는 그 자아 신화가 이루어져. 그게 바로 진리야. 각자 더 나은 존재로 변해서 새로운 자아 신화를 만들어가야지. 모두들 자신의 보물을 찾아 이전보다 더 나은 삶을 살고 싶을 거야. 이전보다 더 나은 모습이 되려고 노력하면 주변의 모든 것도 더 나아지지. 납은 세상이 더이상 납을 필요로 하지 않을 때까지 자기 역할을 다 하고 마침내는 금으로 변하는 거야.

transform A into B : A를 B로 변화시키다   strive : 분투하다, 애쓰다   lead : 납

세상이 좋아지거나 나빠질 수 있게 하는 것은 바로 우리 자신이란다

It's we who nourish the Soul of the World, and the world we live in will be either better or worse, depending on whether we become better or worse. And that's where the power of love comes in. Because when we love, we always strive to become better than we are.

만물의 정기를 키워가는 건 바로 우리 자신이야. 우리가 사는 세상은 좋아지거나 나빠질 수 있어. 우리의 모습에 따라 달라지는 거지. 거기서 사랑의 힘이 발휘되는 거야. 사랑을 하면 항상 더 나은 존재가 되려고 노력하게 되니까.

061

이 땅 위의 모든 이들은 세상의 역사에
저마다 중요한 역할을 하고 있지

"No matter what he does, every person on earth plays a central role in the history of the world. And normally he doesn't know it."

The boy smiled. He had never imagined that questions about life would be of such importance to a shepherd.

"무엇을 하는가는 중요하지 않네. 이 땅 위의 모든 이들은 세상의 역사에 저마다 중요한 역할을 하고 있지. 다만 대개는 그걸 모르고 있을 뿐이야."

산티아고는 미소를 지었다. 한낱 양치기에게 인생에 대한 질문들이 그토록 중요하다는 것을 예전엔 상상도 하지 못했다.

062

산티아고는 필요한 모든 것을 배웠고 그가 꿈꾸던 모든 삶을 살았다

After all, the alchemist continued to live in the desert, even though he understood the Language of the World, and knew how to transform lead into gold. He didn't need to demonstrate his science and art to anyone. The boy told himself that, on the way toward realizing his own Personal Legend, he had learned all he needed to know, and had experienced everything he might have dreamed of.

결국, 연금술사는 만물의 언어를 이해하고 납을 금으로 변화시키는 방법을 알면서도 계속 사막에 살고 있다. 자신의 학문과 기술을 누군가에게 과시할 필요가 없었던 것이다. 산티아고는 스스로에게 말했다. 자신 역시 자아의 신화를 이루기 위해 긴 여정을 거치는 동안 필요한 모든 것을 배웠고 그가 꿈꾸던 모든 삶을 살았다는 것을.

demonstrate : 보여주다, 입증하다

'고(苦)는 생(生)이다.'
노인 산티아고의 고생 어린 바다 장정은
고통 속에서 무엇인가 탄생하고 있는
재창조의 생명력이 꿈틀대는 시간이다.
물고기 한 마리 낚지 못한 치욕의 84일은
여든네 개의 하루가 모인 꿈이 된다.

통렬한 애처로움으로
배에서 그를 끌어내리고 싶은 마음뿐이다.
하지만
작은 조각배, 노쇠한 육체, 도움의 부재라는
3無의 인생 바닥에 툭 내뱉는 한마디가
산티아고를 말릴 수 없다.

"인간은 파괴될지라도 패배하지 않는다."

문득, 노인의 나이쯤 되었을 때
내가 뱉는 인생 문장은 무엇일지 궁금하다.

'주식이나 부동산 투자로 성공해서 일찍 은퇴해라.'
'불필요한 에너지 낭비 없이 누구나 가는 편한 길을 선택해라.'

고생하지 않고 편하게 사는 것,
누구나의 열망이다.
그런데 잠잠히 들여다보면
주식도, 부동산 투자도, 편한 길도
가끔의 예외를 제외하면
미련하게 쌓인 시간과 돈, 그리고 에너지 투입의 산물이다.
묵묵한 '고(苦)'의 값은 상출이라는 '생(生)'이 균형잡이가 되어준다.

고로, 미련함을 하대 마라.
썩 손해날 장사는 아닌 것 같다.

PART 004

The old man and the sea
(노인과 바다)

063

87일간의 빈손 이후
88일째부터는 매일같이 3주간
월척들을 낚았던 걸 기억하세요

Everything about Santiago was old except his eyes and
they were the same color as the sea and were cheerful
and undefeated. The old man had taught the boy to
fish and the boy loved him.

"Remember how you went eighty-seven days without
fish and then we caught big ones every day for three
weeks."

"I remember," the old man said. "I know you did not
leave me because you doubted."

산티아고는 모든 것이 노쇠했지만 눈만은 예외였다. 바다와 같은 색깔을 띄고
있는 생기 넘치는 무적의 눈동자였다. 어려서부터 산티아고에게서 고기잡이를
배웠던 소년은 그를 사랑했다.

"87일 동안 고기 한 마리 잡지 못하다가 88일째부터는 매일같이 3주 월척들
을 낚았던 걸 기억하세요."

"그럼. 네가 내 실력을 의심해서 다른 배를 타고 있는 게 아니란 것도 알아." 산티
아고가 말했다.

cheerful : 발랄한, 생기를 주는   undefeated : 진 적이 없는, 무패의

064

나는 생각보다 강하지 않을지도 몰라
하지만 많은 기술과 강한 의지는 있지

"The best fisherman is you. There are many good fishermen and some great ones. But there is only you."

"Thank you. You make me happy. I hope no fish will come along so great that he will prove us wrong."

"There is no such fish if you are still strong as you say."

"I may not be as strong as I think," the old man said. "But I know many tricks and I have resolution."

"최고의 어부는 할아버지죠. 고기를 잘 잡는 어부들은 많아요. 간혹 뛰어난 어부들도 있고요. 하지만 할아버지만 한 어부는 단 한 명도 없어요. 할아버지가 최고예요."

"고맙다. 넌 내 기분을 좋게 해준다니까. 물고기가 너무 커서 내가 못 잡으면 우리가 틀린 말을 하고 있는 건데 그러질 않길 바랄 뿐이다."

"말씀하신 것처럼 여전히 건재하시다면 못 잡을 물고기는 없을 걸요."

"난 생각보다 강하지 않을지도 몰라. 하지만 많은 기술과 강한 의지는 있지."

resolution : 결심, 결의

065

정확하게 준비해야 운이 찾아올 때 맞이할 수 있지

But, he thought, I keep them with precision. Only I have no luck anymore. But who knows? Maybe today. Every day is a new day. It is better to be lucky. But I would rather be exact. Then when luck comes you are ready.

●

난 미끼를 정확하게 놓지. 산티아고는 생각했다. 운이 더이상 따르지 않는 것뿐이라구. 그래도 누가 알아? 오늘은 운이 따를지 말이야. 하루하루가 새로운 날이거든. 운이 따르면 좋겠지만 정확하게 준비하는 편이 더 나아. 그래야 운이 찾아올 때 맞이할 수 있으니까.

precision : 정확, 정밀, 신중   would rather ~ : (차라리) ~하는 게 낫다

066

죽은 후에도 계속 뛰는
바다거북 같은 심장이 나에게도 있어

Most people are heartless about turtles because a turtle's heart will beat for hours after he has been cut up and butchered. But the old man thought, I have such a heart too and my feet and hands are like theirs.

대부분의 사람들은 바다거북에게 무자비하다. 바다거북은 잘라내고 도축된 뒤에도 몇 시간 동안 심장이 뛴다. 노인은 자신도 그런 심장이 있다고 생각했다. 자신의 손과 발도 마찬가지다.

heartless : 무자비한
butcher: 잔인하게 살해하다, 도살하다

지금은 대어를 낚는 일만 생각해야 해

Now is no time to think of baseball, he thought. Now is the time to think of only one thing. That which I was born for. Think of what you are doing. You must do nothing stupid. There might be a big one around that school, he thought. Today is eighty-five days and I should fish the day well.

○

지금은 야구 따위를 생각할 때가 아니야. 단 한 가지, 지금은 대어를 낚는 일만 생각해야 해. 그게 바로 내가 태어난 이유지. 하고 있는 일에만 집중해야 해. 다른 멍청한 짓을 하면 안 돼. 저 물고기 무리에 큰 놈이 하나 있을지 몰라. 빈손으로 85일째이니 오늘 하루는 잘 잡아야 해.

school : 무리

159

068

내가 할 수 있는 일은 많다구

What I will do if he decides to go down, I don't know. What I'll do if he sounds and dies I don't know. But I'll do something. There are plenty of things I can do.

○

물고기가 깊이 잠수해 들어가면 뭘 해야 할지 모르겠어. 밑으로 들어가 죽으면 또 어쩌지? 그것도 모르겠군. 그래도 뭔가 해야지. 내가 할 수 있는 일은 많다구.

sound : (고래 등이) 밑으로 내려가다, 잠수하다

이것저것 생각하지 않고 그저 견뎌내는 것

There are two more hours before the sun sets and maybe he will come up before that. If he doesn't maybe he will come up with the moon. If he does not do that maybe he will come up with the sunrise. I have no cramps and I feel strong. I wish I could see him. I wish I could see him only once to know what I have against me. But he tried not to think but only to endure.

해가 지려면 두 시간이나 더 남았군. 물고기 녀석이 그전에는 물속에서 나오겠지. 달이 뜰 때 올라올 수도 있고. 만일 그때도 나타나지 않으면 동이 틀 때쯤은 볼 수 있겠지. 난 낚싯대를 쥐고 있어도 경련 하나 없이 버틸 만큼 강하거든. 그래도 그 물고기 녀석 한 번 봤으면 좋겠구만. 나랑 싸우고 있는 녀석이 어떤 놈인지 한 번이라도 보면 좋을 텐데.

하지만 노인은 이것저것 생각하지 않고 그저 견뎌내려 했다.

come up : 나오다, 올라오다   sunrise : 일출   cramp : 경련

070

매번 이 순간이 새로운 시간

"I told the boy I was a strange old man," he said.

"Now is when I must prove it."

The thousand times that he had proved it meant nothing. Now he was proving it again. Each time was a new time and he never thought about the past when he was doing it.

○

"마놀린에게 내가 이상하리만치 평범하지 않은 노인이라고 말했지. 바로 지금 그걸 증명해야 해."

예전에 수도 없이 보여주었던 건 모두 의미가 없어. 노인은 지금 다시 입증하려 하고 있다. 매 순간이 새로운 시간이기 때문이다. 그럴 땐 지나간 과거의 찬란함은 절대 생각하지 않았다.

071

이 녀석의 태도와 품격을 보면
감히 누구도 먹을 자격이 없다구

How many people will he feed, he thought. But are they worthy to eat him? No, of course not. There is no one worthy of eating him from the manner of his behavior and his great dignity. I do not understand these things, he thought. But it is good that we do not have to try to kill the sun or the moon or the stars. It is enough to live on the sea and kill our true brothers.

이 녀석이 죽으면 몇 명의 먹이가 될까? 아니, 사람들이 과연 먹을 자격은 있는 걸까? 안 돼, 당연히 먹을 수 없어. 이 녀석의 태도와 품격을 보면 감히 누구도 먹을 자격이 없다구. 그럼에도 잡아 먹혀야 하는 이런 상황을 난 이해할 수 없어. 그래도 하늘의 해와 달과 별을 죽일 필요는 없어서 다행이야. 바다로 먹고 살면서 진정한 형제인 물고기들만 죽이는 것으로 된 거야.

worthy : ~할 가치가 있는   worthy to ~(동사원형) : ~할 가치가 있다, 자격이 있다
dignity : 위엄   live on : ~을 먹고 살다

072

인간은 파괴될 수는 있어도
패배하지는 않아

It was too good to last, he thought. I wish it had been a dream now and that I had never hooked the fish and was alone in bed on the newspapers.

"But man is not made for defeat," he said. "A man can be destroyed but not defeated." I am sorry that I killed the fish though, he thought.

너무 좋아서 오래가지 못할 것 같아. 차라리 이게 꿈이었다면. 청새치가 미끼를 물기 전, 나 혼자 침대에서 신문을 보고 있었다면 좋았을 텐데.

"하지만 인간은 패배하기 위해 태어난 것은 아니야. 파괴될 수는 있어도 패배하지는 않아." 어쨌건 청새치를 죽인 것에 대해 마음은 좋지 않군.

073

희망을 버리는 것은 어리석은 일이야

"Now," he said. "I am still an old man. But I am not unarmed."

The breeze was fresh now and he sailed on well. He watched only the forward part of the fish and some of his hope returned. It is silly not to hope, he thought.

"난 여전히 늙은이일 뿐이야. 그렇다고 속수무책은 아니라구." 이제 선선한 바람을 타고 배가 앞으로 잘 나아갔다. 앞부분만 남은 물고기를 바라보며 일말의 희망이 다시 생겼다. '희망을 버리는 것은 어리석은 일이야' 하고 노인은 생각했다.

unarmed : 무기가 없는

단지 살려고, 팔려고
물고기를 죽인 것은 아니야

You did not kill the fish only to keep alive and to sell for food, he thought. You killed him for pride and because you are a fisherman. You loved him when he was alive and you loved him after. If you love him, it is not a sin to kill him. Or is it more? Everything kills everything else in some way. Fishing kills me exactly as it keeps me alive. The boy keeps me alive, he thought.

○

단지 살려고, 팔려고 물고기를 죽인 것은 아니야. 자존심 때문에 죽인 거야. 넌 어부니까. 넌 물고기가 살아 있을 때도 사랑했고 죽은 후에도 사랑했어. 녀석을 사랑했다면 죽이는 것이 죄가 아니야. 아니, 더 큰 죄가 되는 걸까? 세상의 모든 것들이 어떤 식으로든 다른 것들을 죽이며 살잖아. 고기 잡는 일은 나를 살려주지만 그만큼 나를 죽이기도 해. 아니지, 사실 마놀린이 날 살아 있게 하는 거지.

172

075

지금은 있는 것으로 뭘 할 수 있을지
생각해야 해

"I wish I had a stone for a knife."

You should have brought many things, he thought. But you did not bring them, old man. Now is no time to think of what you do not have. Think of what you can do with what there is.

○

"칼로 쓸 만한 돌을 가져왔어야 했는데!"

가져왔으면 하는 게 많군. 노인은 생각했다. 이봐, 그런데 안 가져왔잖아. 지금은 없는 걸 생각할 때가 아니라 있는 것으로 뭘 할 수 있을지 생각해야 해.

행운은 다양한 모습으로 오는데
어떻게 그걸 알아보겠어?

"I'd like to buy some luck if there's any place they sell it," he said. What could I buy it with? he asked himself. Could I buy it with a lost harpoon and a broken knife and two bad hands?

"You might," he said. "You tried to buy it with eighty-four days at sea. They nearly sold it to you too."

I must not think nonsense, he thought. Luck is a thing that comes in many forms and who can recognize her? I would take some though in any form and pay what they asked.

○ "운을 어디서 판다면 좀 사고 싶어요." 소년이 말했다. '파는 데가 있다 해도 뭘로 산담?' 그리고는 혼잣말을 했다. 그럼 나라고 살 수 있었을까? 작살도 잃어버리고 칼도 망가지고 두 손도 심하게 다쳐버렸는데?

"할아버지는 살 수도 있었죠." 소년이 말했다. "84일 동안 바다에서 버텼잖아요. 할아버지한테는 운을 팔기 직전이기도 했을 걸요?"

말도 안 되는 상상은 하지 말자고 노인은 생각했다. 행운은 다양한 모습으로 오는데 어떻게 그걸 알아보겠어? 그래도 어쨌든 운을 판다면 대가를 치르고서라도 살 텐데.

harpoon : 작살

한때 나는 내가 바보 천치인 줄 알았다.
나의 가치를 남들이 판단하도록 내버려두어서다.
스스로를 남들의 기준으로 칼질해대며
여기저기 생채기를 냈다.
한동안 초점 없이 어둠 속에 헤매었다.
거기서 인생 빛을 만났다.

"보시기에 심히 좋았더라"
나를 창조하고 하나님이 기쁨에 겨워하셨다는 말씀에
눈물을 쏟아냈다.
왜곡되지 않은 시선으로 나를 바라보며
서서히 회복되었고
지금은 오뚝이같은 삶을 뚝심있게 살아낸다.

우리는 측정기의 눈금 범위를 넘어선
판단 불가의 가치를 가진 소중한 존재다.
기성복이 맞지 않다고 해서
내 인생의 체형까지 기이한 건 아니다.
각자의 인생은 절대 가치이다.
다른 사람 손에 쥐어진 측정기의 수치를
줄이거나 늘리려 애쓸 필요가 없다.
내 인생의 정의,
내가 내리는 것이 정답이다.

나무 위의 물고기.
천재 과학자 알버트 아인슈타인의 말에서 착안한 테마다.
제대로 된 안경으로 나를 바라보면
우리 모두는 천재가 된다.

"모든 사람은 천재다. 하지만
나무에 오르는 능력으로 물고기를 판단한다면
그 물고기는 평생 자기가 바보라고 믿고 살아갈 것이다."

PART 005

Fish in a tree

077

누구나 세상에 기여할
특별한 재능이 있어요

For teachers⋯ who see the child before the student, who remind us that we all have special gifts to offer the world, who foster the importance of standing out rather than fitting in.

For kids⋯ who find your grit to conquer life's challenges - no matter what those challenges may be.

You are heroes. This book is for you.

이런 교사들을 위한 책입니다. 학생이기 이전에 한 아이로 봐주고, 누구나 세상에 기여할 수 있는 특별한 재능을 가지고 있다는 것을 알려주며, 남과 똑같아지기보다 남과 다른 것에 당당할 수 있도록 가르치는 분들.

이런 아이들을 위한 책이기도 합니다. 어떤 문제라도 마주하려는 자세로 인생의 어려움을 극복하는 투지를 발견하고자 하는 아이들.

모두가 삶의 영웅들입니다. 이 책을 그 분들에게 바칩니다.

078

스스로를 과소평가하면 안 된다구

Did you see how that guy in there took me for a fool? Trying to rip me off. Remember, Ally. When people have low expectations of you, you can sometimes use it to your advantage. As long as you don't have low expectations of yourself.

저 전단포 주인이 날 바보로 알고 어떻게 하려고 했는지 봤지? 완전 덤탱이 씌우려고 하다니. 똑똑히 기억해 앨리. 사람들이 널 얕잡아볼 때는 그걸 유리하게 이용할 수 있어야 해. 그렇게 넌 너 자신을 과소평가하면 안 된다구.

take~ for… : ~를 …라고 (잘못) 생각하다
rip off : 뜯어내다, 훔치다   rip me off : 바가지 씌우다

079

너 정말 대단하구나.
가능성이 무궁무진해

"My God," Shay whispers. "She acts like she's the first to make a cupcake. It's not even decorated or anything."

"Shay. Please keep your comments constructive," Mr. Daniels says.

"Yes, it is plain on the outside," Keisha says, half smiling at Shay, "but it's the inside that matters."

Keisha takes a knife out of her box and cuts the cupcake in half and shows us the inside. "As you can see, it says 'yum' on the inside. I've been experimenting with making letters out of different kinds of dough."

"That's fantastic, Keisha," Mr. Daniels says.

"The possibilities are infinite."

constructive : 건설적인   dough : 밀가루 반죽

○ "웬일이야." 쉐이가 속삭였다. "지가 최초로 컵케이크를 만든 사람처럼 굴고 있
네. 예쁘게 꾸민 것도 아니고 별것도 아닌데 말이야."

"쉐이, 말을 예쁘게 해주세요." 다니엘 선생님이 말씀하셨다.

"맞아요. 겉은 별거 없어요." 케이샤가 쉐이에게 미소 지으며 말했다. "하지만 중
요한 건 안쪽에 있어요."

케이샤는 도구 박스에서 칼을 꺼내 컵케이크를 반으로 자른 후 안쪽을 보여주
었다. "보이는 것처럼 '맛이 최고' 라는 글씨를 안에 넣었어요. 여러 종류의 반죽
으로 글씨를 만들어 넣으려고 다양한 시도를 해봤어요."

"케이샤, 너 정말 대단하구나. 가능성이 무궁무진해." 다니엘 선생님이 칭찬하셨다.

080

우리 역시 특별한 존재라는 것을
꼭 기억해

In 1943, pennies looked weird because they were silver in color like quarters. They were made of steel instead of copper because the government needed copper to make ammunition during World War Two. Then in 1944, pennies went back to the usual red copper color. I think of how when Dad left, he said that when we look at the steel pennies, we need to remember that we are unique, too. And also, that things will go back to normal for us - that he'll be home before we know it.

1943년, 페니(1센트 동전)는 쿼터(25센트 동전)처럼 은색 빛깔을 띠어 이상해 보였다. 제2차 세계대전 동안 구리가 무기제조에 사용되어 페니를 구리 대신 철로 만들었기 때문이다. 페니는 1944년이 되어서야 다시 구리빛으로 돌아왔다. 아버지가 주둔지역으로 떠날 때 어떻게 말씀하셨는지 생각난다. "철로 만들어진 페니를 보면서 우리도 특별한 존재라는 것을 꼭 기억해라." 또한, 우리도 모르는 사이에 아버지가 집으로 돌아오는 일상이 다시 올 거라고 하셨다.

copper : 구리   ammunition : 탄약

081

중요한 건 실수를 만회하려고
노력하는 거야

"It's not too soon to decide what kind of person you want to be. You made a mistake. Everyone does. Just do your best to make it right, that's all. The words 'I'm sorry' are powerful ones."
"Yeah. Okay. I'll make it right with him."

"네가 원하는 사람이 되려면 지금도 늦지 않았어. 넌 실수한 거잖아. 누구나 실수를 한단다. 중요한 건 실수를 만회하려고 노력하는 거야. 그거면 돼. '미안해'라는 말이 큰 도움이 될 거야."
"네, 알겠어요. 그 친구와 잘 얘기해 볼게요."

나는 단지 글씨를 잘 읽지 못할 뿐,
잘하는 것들도 많아요

People act like the words "slow reader" tell them everything that's inside. Like I'm a can of soup and they can just read the list of ingredients and know everything about me. There's lots of stuff about the soup inside that they can't put on the label, like how it smells and tastes and makes you feel warm when you eat it. There's got to be more to me than just a kid who can't read well.

사람들은 "글 읽기가 느린 사람"이라는 꼬리표가 그 사람의 모든 것을 말해주는 것처럼 대한다. 마치 내가 캔 수프인 양 원 재료표를 보고 나의 모든 것을 단정 짓는다. 수프 안에는 라벨지에 표기되지 않은 것이 많이 담겨 있다. 향과 맛, 그리고 수프를 먹으면서 따뜻해지는 느낌 같은 것 말이다. 나는 그저 글씨를 못 읽는 아이가 아니다. 나에겐 그 이상으로 잘하는 것들이 있다.

ingredient : 재료, 구성요소

083

나는 폭력에 폭력으로 맞서고 싶지 않아요

"Just don't let those boys pound on you! Teach them a lesson. Hit them back!"

"I don't think it is within my nature to hit someone. I will not meet violence with violence. I won't stoop to their level. If I act like them, I am no better."

○

"다른 녀석들이 널 때리지 못하게 하라구! 본때를 보여줘. 같이 패주라구!"

"난 본래 사림을 잘 못 때리는 거 같아. 폭력에 폭력으로 맞서고 싶지도 않고. 그 애들처럼 저열한 수준까지 내려가지 않을래. 걔들처럼 똑같이 폭력을 휘두르면 나도 똑같은 사람이 되잖아."

pound on : 마구 내리치다   violence : 폭력   stoop to~ : ~할 만큼 비열해지다

084

그냥 오빠와 진짜 오빠

"Is Travis your older brother?"

"He's my big brother."

He half smiles. "Is there a difference?"

"Yeah. There is. An older brother is older. A big brother looks out for you and smiles when you walk into a room."

●

"트래비스가 네 오빠니?"

"아뇨. 찐 오빠예요."

다니엘 선생님이 미소를 지으며 물었다. " '오빠'랑 '찐 오빠'는 다른 거야?"

"그럼요. 오빠는 그냥 나이가 많은 사람인 거구요. 찐 오빠는 잘 돌봐주는 사람이죠. 방에 들어가면 웃어주기도 하구요."

가장 최악의 외로움은 사람들이 가득 찬 공간에서도 여전히 혼자일 때

Alone is a way to be. It's being by yourself with no one else around. And it can be good or bad. It can be a choice. When my mom and brother are both working, I'm alone, but I don't mind it. But being lonely is never a choice. It's not about who is with you or not. You can feel lonely when you're alone, but the worst kind of lonely is when you're in a room full of people, but you're still alone.

고독은 존재하는 하나의 방식이다. 주위에 아무도 없이 혼자 있는 것이다. 좋을 수도 나쁠 수도, 선택할 수도 있다. 엄마와 오빠가 둘 다 일할 때 나는 혼자 있지만 상관없다. 하지만 외로움은 절대 선택의 문제가 아니다. 누구와 함께 있느냐의 여부에 따라 결정되는 게 아니기 때문이다. 혼자일 때 외로울 수 있다. 하지만 가장 최악의 외로움은 사람들이 가득 찬 공간에서도 여전히 혼자 있을 때이다.

086

우린 그들과 똑같아지지 않을 거예요

I'm only different to the people who see with the wrong eyes. And I don't care what people like that think. Who wants to fit in with people like Shay and her worse-than-awful friends? One thing's for sure. We're not gonna fit in, but we're gonna stand out. All three of us. You wait and see.

○

날 왜곡해서 보는 사람들에게 나는 다르게 보일 뿐이야. 그런 사람들이 날 어떻게 생각하는지는 중요치 않아. 쉐이나 더 악질인 그 애 친구들 무리에 누가 끼고 싶겠어? 한 가지 확실한 건 우린 그들과 똑같아지지 않을 거라는 거야. 그렇지만 결국은 우리가 주목받게 될 거야. 우리 셋 모두 그럴 거야. 두고보라구.

awful : 끔찍한

087

누구에게나 서로 다른 능력이 있어

Now, don't be so hard on yourself, okay? You know, a wise person once said, "Everyone is smart in different way. But if you judge a fish on its ability to climb a tree, it will spend its whole life thinking that it's stupid."

이젠 니무 심히게 자책하지 않으면 좋겠어. 알겠니? 한 현자가 이런 말을 했어. "누구에게나 서로 다른 능력이 있다. 하지만 나무를 타는 기술로 물고기를 판단해버리면 물고기는 평생 자기가 무능하다고 생각하며 살아갈 것이다."

더이상 불가능은 없는 거야

IMPOSSIBLE

"Do you know what that says? Remember to break it into chunks. That is a long one, though, isn't it?"

I nod, trying to sound it out. "Important?"

"No, but that's a good try. It says impossible. You told me you think it seems impossible to read as well as everyone else."

Then he draws a red line between the M and the P and hands it to me.

IM/POSSIBLE

"I want you to rip the paper in two pieces. Right where that line is. So, now, Ally… that big piece of paper in your hand says possible. There is no impossible anymore, okay?"

chunk : 덩어리   nod : 끄덕이다   rip : 찢다

○ [**불가능**]

"이게 무슨 말인지 알겠니? 덩어리로 나누어서 읽어봐. 좀 긴 단어이긴 하지만."

나는 고개를 끄덕이며 소리 내어 읽었다. " '중요한' 인가요?"

"아니, 그래도 잘했어. 이건 '불가능한'이야. 넌 다른 사람들처럼 글을 읽는 것이 불가능할 것 같다고 말했어."

곧이어 선생님은 M과 P 사이에 빨간 선을 긋고 단어를 넘겨주었다.

[**나는 가능하다**]

"빨간 선이 있는 곳을 따라 종이를 찢어보렴. 자, 앨리, 이제 손에 들고 있는 큰 종이에는 '가능한' 이라고 쓰여 있어. 더이상 불가능은 없는 거야. 알겠지?"

* 원작에서 다니엘 선생님은 앨리에게 Impossible의 'Im-'을 찢어내고 Possible 을 보여주지만 I'm possible로 바꾸어도 참 좋은 뜻이 됩니다. ^^

넌 꽤나 완벽해, 앨리

"You say you'll grow up to be nobody. But logically… if nobody's perfect… well then, you must be perfect."

"Perfect? Me? Uh… no," I say.

"You are pretty perfect, Ally. Do like Mr. Daniels says. Be yourself. Be who you are."

○

"앞으로 커서 'nobody(아무나)'가 될 거라구? 근데 논리적으로 따져보면… 세상에 완벽한 사람이 'nobody'라면 (아무도 없다면), 그럼 넌 틀림없이 완벽한 사람이 될 거야. (넌 그 '아무나'가 될 거잖아.)"

"내가 완벽할 거라구? 아닌데…." 나는 답했다.

"넌 꽤나 완벽해, 앨리. 다니엘 선생님이 말씀하신 것처럼 너 자신이 되렴. 너의 가치를 인정하라구."

grow up to ~(동사원형) : 자라서 ~하게 되다
logically : 논리적으로

090

달걀과 말은 둘 다 깨지고 나면
돌이킬 수 없어요

"People ask what you want to be when you grow up. I know what kind of grown-up I want to be. But I don't know who I am now. There are always people ready to tell you who you are, like a nerd or a jerk or a wimp." And I think of words. The power they have. How they can be waved around like a wand - sometimes for good but sometimes how words can also be used for bad. To hurt. My grandpa used to say to be careful with eggs and words, because neither can be ever fixed.

○

"사람들은 커서 뭐가 되고 싶은지 물어봐. 어떤 어른이 되고 싶은지는 머릿속에 있지만 지금 내가 누군지는 사실 잘 모르겠어. 내가 누군지를 항상 다른 사람들이 말해주는 것 같아. 덕후, 머저리, 겁쟁이 같은 말로 말이야."
말의 힘에 대해서 생각하게 된다. 마술봉처럼 이리저리 휘두르며 때로는 사람의 기를 살리기도 하고 어떨 땐 상처를 주기도 한다. 할아버지는 달걀과 말을 조심해야 한다고 말씀하시곤 했다. 깨지고 나면 둘 다 돌이킬 수 없기 때문이다.

nerd : 멍청하고 따분한 사람   jerk : 얼간이   wimp : 겁쟁이   wand : 지팡이

091

체스에서 가장 약한 폰도 포기하지 않으면 막강한 여왕이 될 수 있단다

You have to remember that the board is always changing and moving. Keep your eyes open. Be careful. Have a plan. Realize that you can only stay on the defensive for so long - eventually, you have to take a stand. But no matter what, don't give up. Because, every once in a while, a pawn becomes a queen.

체스판은 항상 변하고 바뀔 수 있다는 걸 기억해야 한다. 정신을 똑바로 차리고 신중하게 전략을 세워야 한다. 오랫동안 방어 태세만 유지할 수도 있다. 결국은 꿋꿋이 버텨야만 하는 것이다. 하지만 무슨 일이 있어도 포기하면 안 된다. 체스에서 가장 약한 폰도 포기하지 않으면 이따금 막강한 여왕이 되는 기회가 오기 때문이다.

take a stand : 태도를 취하다, 꿋꿋이 버티다

092

어렵다는 말이
"할 수 없다"는 말은 아니야

"No matter how smart you are, success is reached with hard work, too."
I can't believe it. My experience with endless frustration and having to work on things for so long has actually paid off. I guess maybe "I'm having trouble" is not the same as "I can't."

○

"아무리 똑똑해도 성실함이 있어야 성공할 수 있단다."
믿을 수 없었다. 끝날 것 같지 않던 시행착오 속의 답답함과 오랜 시간 매달린 분투 덕분에 결국 문제가 해결되었다. 아마도 "어려움을 겪고 있다"는 말이 "할 수 없다"는 말은 아닌 것 같다.

frustration : 불만, 좌절감   pay off : 성공하다

093

색의 3원색은 서로 다른 색깔을 만들어주는 핵심이에요

"Look!" Albert holds up a big sign for me.

'Ally is your ally. Give her your vote!'

"You made me a poster for the election?" I ask, smiling.

"Your name is a homonym. You know, a word with the same spelling but different sounds and meanings. A-l-l-y spells your name, but it also spells 'ally' with a long 'i' sound at the end. An ally is someone who is on your side. Someone who sticks by you. Like allies in wars."

I look at the three of us and think about how there are three primary colors. Yellow, blue, and red. Those three colors create every other color ever.

homonym : 동철(동음)이의어 stick by : ~을 지지하다 primary color(s) : 삼원색

○ "이거 봐!" 알버트는 날 위해 큰 표지판을 들고 있었다. '앨리는 여러분의 편입니다. 앨리를 뽑아주세요!"

"날 위해 반장 선거 포스터를 만든 거야?" 나는 미소지으며 물었다.

"네 이름은 동철이의어야. 스펠링은 같지만 소리나 뜻이 다르다는 말이지. 'Ally'는 네 이름의 철자이기도 하지만 장모음 '— 아이'로 끝나는 'ally[앨라이]' 라는 단어의 철자이기도 해. 'ally'는 너의 편, 즉 널 지지해주는 사람을 말해. 전쟁에서 동맹국처럼 말이야." 우리 셋(앨리, 알버트, 케이샤)을 보면서 어떻게 색의 3원색이 존재하는지에 대해 생각하게 된다. 노랑, 파랑, 빨강. 색의 3원색은 서로 다른 색깔을 만들어주는 핵심이다.

094

위대한 인물들은 남들과 다르게 생각하지

Did you know that Albert Einstein was kicked out of school when he was young? His report card said that he was too slow to amount to anything. He couldn't memorize the months of the year. In fact, he had trouble tying his shoes. Thomas Edison, Walt Disney, Henry Ford, they struggled to read even simple words because they all had dyslexia. We know their struggles weren't because they were stupid. It's just that their minds worked differently.

Great minds don't think alike.

○ 알버트 아인슈타인이 어렸을 때 학교에서 쫓겨난 거 알고 있니? 학교생활기록부에 아인슈타인은 너무 느려서 어떤 것도 못 했다고 적혀 있어. 한 해를 이루는 12개의 달을 외우지도 못했지. 사실, 신발 끈 묶는 것도 잘하지 못했다고 해. 토마스 에디슨, 월트 디즈니, 헨리 포드, 그들 역시 간단한 단어조차 읽지 못했단다. 모두 난독증을 앓고 있었거든. 그들이 멍청해서 어려움을 겪은 게 아니라는 건 누구나 다 아는 사실이야. 단지 사고의 작용이 달랐을 뿐이야.
위대한 인물들은 남들과 다르게 생각하지.

dyslexia : 난독증, 독서 장애 have trouble ~ing : ~하는데 어려움을 겪다

095

실패하더라도 계속 시도하는 의지, 그릿

Now I realize that everyone has their own blocks to drag around. And they all feel heavy. I think of that word Mr. Daniels used when he talked about the famous people with dyslexia. Grit. He said it's being willing to fail but try again - pushing through and sticking with something even if its' hard. He also told us that a lot of those famous people were not afraid to make mistakes no matter how many they made.

이제 나는 누구나 자신만의 짐을 끌고 다닌다는 것을 알게 되었다. 그 짐은 모두에게 무겁게 느껴진다. 다니엘 선생님이 유명인사들에 대해 말씀하실 때 언급하신 난독증이라는 단어를 떠올려본다. 그릿(투지). 선생님은 실패하더라도 계속 시도하는 의지가 그릿이라고 하셨다. 힘들어도 문제를 이겨내며 끝까지 고군분투하는 것이다. 또한 아무리 많은 실수를 해도 실수를 두려워하지 않은 위인들이 많았다고 말씀하셨다.

drag around : 여기저기 끌고 다니다

처음부터 끝까지 꼼꼼히 필사했다.
학생들과 함께.
동화의 글과 삽화를 통해
10대의 그들은
진심으로 격려받고 있었다.

사회로 발걸음을 떼기 직전,
시동을 걸고 있는
솜털 난 청춘들이
인생의 승률을 따지며 울고 웃기보다
젊음 그 자체로
토닥임을 받으면 좋겠다.

어른이 되어도 인생길은 만만치 않다.
우리 역시
가는 길마다
마땅히 응원받아야 한다.
인생은 언제나 초행길이기 때문이다.

길을 떠나는 이의 뒷모습은
불안한 설레임의 자취가 남는다.
그러기에 더 아름답다.

불확실의 나무에서
확실의 열매를 따는 여정,
그 출발을 한껏 응원한다.

PART 006

Oh, the places you'll go!

하루 10분 100일의 영어 필사

096

어디로 갈지 결정하는 사람은
바로 당신이랍니다

You're off to Great Places! You have brains in your head. You have feet in your shoes. You can steer yourself any direction you choose. You're on your own. And you know what you know. And YOU are the guy who'll decide where to go.

멋진 곳을 향해 출발합니다! 당신에겐 그곳으로 갈 수 있는 머리와 부지런한 발이 있어요. 어느 방향이든 당신이 선택한 곳을 향해 갈 수 있어요. 스스로 가는 거예요. 당신이 원하는 게 뭔지도 알고 있잖아요. 어디로 갈지 결정하는 사람은 바로 당신이랍니다.

steer : 조종하다, 움직이다
direction : 방향

097

그저 계속 가면 돼요.
당신도 피어나기 시작할 거예요

It's opener there in the wide open air. Out there things can happen and frequently do to people as brainy and footsy as you. And when things happen, Don't worry. Don't stew. Just go right along. You'll start happening too.

마을 밖은 더 확 트인 공간이에요. 그곳에서는 많은 일들이 일어나죠. 당신처럼 똑똑하고 부지런한 사람들에게 더 자주 일어나겠죠. 그럴 땐 걱정하거나 마음 졸이지 말아요. 그저 계속 가면 돼요. 당신이란 사람도 피어나기 시작할 거예요.

brainy : 머리가 있는   footsy : 발걸음을 떼는

098

가다 보면 부딪치기도 하고
걸리기도 할 거예요

You won't lag behind, because you'll have the speed. You'll pass the whole gang and you'll soon take the lead. Except when you don't. Because, sometimes, you won't. I'm sorry to say so but, sadly, it's true that Bang-ups and Hang-ups can happen to you. And your gang will fly on. You'll be left in a Lurch.

뒤처지지 않을 거예요. 당신만의 속도가 있을 테니까요. 모든 무리들을 지나 곧 앞장서게 될 거예요. 단 예외가 있어요. 때로는 그렇지 않을 경우도 있거든요. 이렇게 말해서 미안하지만 안타깝기도 시실인걸요. 가다 보면 부딪치기도 하고 걸리기도 할 거예요. 다른 사람들은 계속 날아가겠죠. 궁지에 몰려 당신 혼자 남아 있게 될지 몰라요.

lag behind : 뒤처지다
leave ~ in the lurch : ~를 곤경에 빠뜨리다

099

좋든 싫든 완전히 혼자서 해야 해요

I'm afraid that some times you'll play lonely games too. Games you can't win 'cause you'll play against you. All Alone! Whether you like it or not, Alone will be something you will be quite a lot. But on and on you'll hike. And I know you'll hike far and face up to your problems whatever they are.

때론 외로이 혼자만의 게임도 해야 할 거예요. 누구를 이기는 게임이 아니에요. 자신을 상대로 하는 것이니까요. 완전히 혼자서 해야 헤요. 좋든 싫든 인생에서 외롭게 나와의 싸움을 할 때가 많을 거예요. 하지만 당신은 계속해서 걸어갈 거예요. 당신은 멀리까지 가서 어떤 문제든 마주할 수 있는 사람이라는 걸 알아요.

hike : 등산하다, 걷다   face up to : ~를 마주하다

100

당신은 멋진 곳을 향해 출발합니다. 오늘은 당신의 날이에요

So be sure when you step. Step with care and great tact and remember that Life's a Great Balancing Act.

Just never forget to be dexterous and deft.

And will you succeed? Yes! You will, indeed!

KID, YOU'LL MOVE MOUNTAINS!

You're off to Great Places! Today is your day! Your mountain is waiting. So⋯ get on your way!

그러니 확신을 가지고 걸어가세요. 신중하게 그리고 재치있는 센스를 가지고 인생은 균형을 맞춰 가는 과정임을 기억하세요. 능수능란하게 헤쳐가야 하는 것도 잊지 마세요.

사, 해내시렵니까? 그럼요, 정말 당신은 해낼 거예요.

산을 거뜬히 들어올릴 거라구요.

당신은 멋진 곳을 향해 출발합니다. 오늘은 당신의 날이에요. 넘어야 할 산이 기다리고 있어요. 그러니 넘어가 봅시다!

dexterous : 손재주가 비상한, 솜씨 좋은   deft : 능숙한, 능란한

•

•

영어 소설책을 들추는 내내 인생의 특수를 누리듯 므흣함에 잠겼다. 보석 같은 인생 문구들을 캐내며 조심스레 남겨두었던 밑줄의 흔적들이 뭉근히 가슴을 데운다. 다시 봐도 진부하지 않은, 아니 오히려 말라붙은 삶의 언저리를 화끈하게 불붙일 불쏘시개 한 다발이 모아졌다.

고전《노인과 바다》에서 불굴의 의지를 보여준 어부 산티아고는 현대 소설《연금술사》에서 똑같은 이름의 양치기 소년으로 부활한 듯하다. 소년 산티아고는 사막의 모래밭에서 자아 신화를 이루기 위해 소신있는 삶의 궤적을 그려간다.《어린 왕자》는 시대를 관통하며 끝없는 사랑을 받고 있는 책으로 그 명성이 자자하다. 순수하다 못해 투명한 어린 왕자의 눈에 삶의 핵심 가치들이 맺힌다. 그렇게 투영된 인생 키워드들이《모리와 함께한 화요일》에서 모리 교수의 입을 통해 현시대에도 동일하게 공명된다.《Fish in a tree》에서는 '모든 사람들은 천재' 라는 알버트 아인슈타인의 명언이 주요 테마로 재현된다. '달라서 옳은' 주인공과 그녀의 친구 알버트와 케이샤가 일상의 굴곡을 넘어 찬란한 생을 일구어갈 때, 절절한 응원의 박수가 터져 나온다.

《Oh, the places you'll go!》는 삶의 희로애락, 그리고 생의 풍작과 흉작의 교차로를 꿋꿋하게 건너갈 수 있는 격려와 응원의 다리가 되어준다.

책 속에서 건진, 시공을 초월하여 변하지 않는 삶의 언어와 지혜, 그 꾸러미들은 그저 신비롭기만 하다. 세대가 바뀌고 사람은 달라지지만 예나 지금이나 인생살이와 삶의 기준점은 맥을 같이 한다. 우리의 생을 견인하는 '찐 핵심 가치'들은 찌든 세속의 렌즈를 벗겨낼 때 뚜렷해진다. 감각할 때 감동하며, 그 정서의 울림으로 내가 더 선명해질 수 있다. 필사로 잘 닦인 삶의 혜안이 반짝반짝 윤이 나면 좋겠다. 이 책에 담긴 주옥같은 문장들이 생의 빈틈을 채우고, 명징한 삶의 시선과 언어가 각자의 인생 지도를 또렷하게 그려내길 바란다.

영어 소설책 구석구석 숨겨진 가치 문장들을 영어 필사책으로 엮을 수 있도록 먼저 제안해주시고 글을 쓰는 기회를 준 편집장님께 감사의 마음을 전한다. 낱권의 책들 속에 산발적으로 흩어져있던 가치의 편린들이 덜컹거리지 않고 한데 모여 큰 울림통이 된 느낌이다. 얕은 물결에서 찰방대며 이리저리 휩쓸리지 않으려면 울림통 안으로 푹 들어가 잠겨야 한다. 출렁이지 않고 안정감 있는 인생을 위해 순항의 돛을 단다. 영어 필사와 함께.

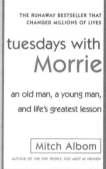

아침 10분 영어 필사의 힘

Write On, Light On
매일 종이 위에 쓰며 나의 인생을 밝힙니다

작은 변화와 성장을 위한 31가지 키워드
서울대 나온 엄마, 현직 영어교사의
필사 도서 85권을 소개합니다

하루 10분 100일의 영어 필사

나의 일상에 금가루를 뿌리는 정성, 하루 10분 영어 필사
위쌤이 선별한 '삶의 정수'가 가득한 영어 원서 6권

《The Little Prince》《Tuesdays with Morrie》
《The Alchemist》《The Old Man and the Sea》
《Fish in a Tree》《Oh, the Places You'll Go!》

어린왕자: 하루 10분 100일의 영어 필사

위쌤의 언어로 다시 만나는 영원한 고전, '어린왕자'
어린왕자가 지구별에 고스란히 남겨놓은 사유의 씨앗들

- 접속(사막에서 만난 어린왕자)
- 통찰(지구 도착 전 여행 이야기)
- 비밀(지구에서의 마지막 시간)

빨간 머리 앤: 하루 10분 100일의 영어 필사

100일 동안 만나는 빨간 머리 앤의 주옥 같은 말과 글

- Familia(가족) : 단단한 쉼표가 되어주는 가족
- Amicus(친구) : 따뜻한 곁이 되어주는 벗
- Memoria(추억) : 성장으로 영글어가는 추억
- Amor fati(사랑) : 운명에 대한 사랑

하루 10분 영어 그림책 100일 필사

엄마의 마음, 교사의 시선으로 수집한
영어 그림책 속 아름다운 문장 100선

- 위쌤 추천도서 영어 그림책 89권
- 필사를 통해 나를 만나는 시간
- '나'의 삶에 보내는 '너'를 향한 느낌표